청소년을 위한

역사란 무엇인가

청소년을 위한

역사란 무엇인가

최경석 지음

살림Friends

역사는 수많은 생각거리로
가득 찬 보물창고

대학교에 들어가 처음 접한 한국사 강의 시간, 담당 교수님은 한국사를 전체적으로 다룬 네 권의 역사책을 비교해 보라는 과제를 내주셨습니다. 저는 이 역사책들이 각각의 역사적인 사건을 다루는 비중의 차이는 있겠지만, 고등학생 때까지 배웠던 역사 교과서 속 사건들을 더 자세히 설명해 놓았을 것이라고만 생각했습니다. 그런데 네 권의 책의 목차만 비교해 봐도 제 예상이 크게 빗나갔다는 것을 알 수 있었습니다. 같은 역사적 사건이라도 그 명칭과 용어가 제각각이었으며, 시대를 구분하는 기준도 천차만별이었고, 우리 역사를 바라보는 기본적인 시각도 완전히 달랐습니다.

그로부터 8년 후, 저는 고등학교에서 역사를 가르치게 되었습니다. 일주일에 두 시간밖에 안 되는 짧은 시간에 우리의 수천년 역사와 세계의 다양한 역사를 가르친다는 것은 쉽지 않은 일이었습니다. 더구나 자칫 잘못하면 역사가 주는 재미와 생각할 거리를 놓치고 그저 과거에서 현재까지 어떤 일들이 있었는지를 간략하게 소개하거나 나열하는 수준에 그칠 수밖에 없겠다는 생각이 들었습니다. 그런데 무엇보다 문제는 학생들 스스로 '역사란 무엇이고 역사를 어떻게 바라봐야 하는가' 와 같이 가장 기본적이면서도 중요한 핵심을 빠트린 채 역사를 공부하고 있다는 점이었습니다. 그렇다고 그 책임을 전적으로 딱딱한 교과서와 짧은 수업 시간 탓으로 돌릴 수만은 없었습니다.

그러한 문제의식과 아쉬움을 조금이나마 덜어 보고자 이 책을 쓰게 되었습니다. 학생들이 수많은 생각거리로 가득 찬 역사를 차근차근 되짚어 보고 자신만의 관점으로 역사를 바라보았으면 하는 바람입니다. 하지만 역사를 자신만의 시각으로 바라볼 준비가 되어 있지 않고, 그런 연습도 해 보지 않은 학생들에게 이를 무조건 채근하는 것도 좋지 않을 것입니다. 그래서 이 책에서는 우리의 대중문화 속에서 쉽게 접할 수 있는 역사의 모습을 비롯하여 역사가들은 과거라는 거대한 바다에서 어떤 것을 역사라고 불렀는지, 과연 역사란 무엇인지 등을 차근차근 쉽게 설명해 보았습니다.

역사란 지긋지긋한 연표를 외우는 과목이 아닙니다. 완벽한 하나의 정답이 존재하는 것도 아니고요. '역사적 사고력' 이란 과거와 현재 그리고 미래를 아우르는 폭넓은 시야와 균형 잡힌 시각을 의미합니다. 이 책을 통해 그러한 역사적 사고력을 키울 수 있기를 바랍니다.

최 경 석

차례

제2부 역사를 어떻게 바라볼 것인가

제3부 역사 속에는 무엇이 담겨 있는가

제1부
역사란 무엇인가

- 역사의 문을 열다
- 대중문화 속 역사의 다양한 얼굴 찾기
- 마라톤 전투와 역사적 진실
- 과거와 현재를 이어 주는 다리, 사료

역사의 문을 열다

『열하일기(熱河日記)』로 잘 알려진 조선 후기 실학자 연암 박지원(燕巖 朴趾源, 1737~1805) 은 이 책에서 한 동물을 다음과 같이 묘사하고 있습니다.

"몸뚱이는 소 같고 꼬리는 나귀와 같으며, 약대 무릎에 범의 발톱에 짧은 털을 가졌다. 성질은 어질게 보이고, 소리는 처량하다. 눈은 초생달 같으며 코는 어금니보다 길어서 구부리고 펴는 것이 자벌레 같다."

여러분이 보기에 이 동물은 무엇인 것 같습니까? 정답은 '코끼리'입니다. 코를 묘사한 모습이 나오긴 하지만 이 문장만 보고 박지원이 생각한 코끼리를 떠올리기는 쉽지 않을 듯싶네요.

여러분이 눈을 감고 커다란 코끼리를 만진다고 가정해 봅시다. 물론 코끼리의 커다란 발을 만져 보거나 기다란 코를 만져 보면서 이것이 코끼리라는 것을 알아챌 수도 있습니다. 그러나 눈을 감고 만진 코끼리의 일부를 통해 코끼리 전체를 제대로 설명하는 것은 쉽지 않을 것입니다.

역사는 과거의 일을 기록해 놓은 것입니다. 그렇지만 과거를 완벽하게 재현할 수는 없습니다. 마치 눈을 가리고 코끼리를 만지는 것처럼 일부는 그대로 묘사할 수 있겠지만 전체를 다 담기에는 역부족입니다. 타임머신을 발명하여 과거로 직접 가 보지 않는 한 아마 그것은 미래에도 불가능할 것입니다. 그럼에도 불구하고 우리는 불완전한 역사에 기대어 과거를 기억합니다. 그렇다면 이처럼 역사를 통해 과거를 찾는 이유는 무엇일까요?

인간에게는 자신과 주변에 일어난 일들을 기록하는 습성이 있습니다. 우리는 그 기록을 흔히 '역사' 라고 부릅니다. 자연 안에서는 대부분의 일들이 반복해서 일어납니다. 봄·여름·가을·겨울의 계절적 순환, 지구의 공전 및 자전과 같은 현상이 그 예입니다. 하지만 인간 사회만큼은 순환하지 않습니다. 인간의 역사를 통틀어 과거의 사건이나 상황이 똑같이 반복해서 나타나는 경우는 단 한 번도 없습니다. 그리스의 한 철학자가 말한 것처럼 같은 강물에 다리를 두 번 담글 수는 없는 것입니다. 그래서 이전에 겪어 보지 못한 일에 대한 대처 방안을 놓고 난감해할 때도 많습니다. 그렇지만 과거의 상황 중에 지금과 유사하거나 교훈을 얻을 만한 상황을 찾을 수는 있습니다. 그래서 우리는 비슷한 일을 찾아서 과거를 자꾸만 들추며 '역사'를 돌아보는 것입니다.

역사를 통해 넓어지는 시선

역사는 영어로는 'History', 한문으로는 '歷史'라고 표기합니다. 앞서 역사란 과거의 '기록'을 말한다고 했는데, 원래 History의 어원은 '탐구'입니다. 즉, History란 과거 인간의 활동에 대한 탐구라고 할 수 있겠지요. 歷史는 중국에서 원래 '史'자만 더 많이 쓰였습니다. '史'에는 역사적 사실이라는 뜻과 역사책이라는 뜻, 그리고 역사를 기록하는 사람이라는 뜻이 모두 함축되어 있습니다. 결국 어원으로만 따져 보면 역사란 '과거의 일정한 시간 속에서 활동한 인간의 모습을 역사가가 기록하여 탐구한 결과물 혹은 책'이라는 정의를 내릴 수 있습니다.

그런데 문제는 역사를 통해서 과거의 모든 일을 완벽하게 복원해 낼 수는 없다는 것입니다. 타임머신을 타고 과거로 돌아가 보는 일이 생기지 않는 한, 박지원의 코끼리 묘사처럼 우리가 과거의 일 전체를 그리는 일은 매우 어려운 작업입니다. 허탈하지만 그것이 사실입니다. 그렇다면 역사란 믿을 수 없는 것일까요? 그렇지는 않습니다. 일부분이지만 과거를 알 수 있는 기록, 유물, 유적 등이 남아 있기 때문입니다. 그리고 이러한 과거의 흔적에서 역사는 진실이 무엇인지 찾아가는 탐구 활동을 멈추지 않습니다.

　한편, 인간은 본능적으로 과거의 일에 대한 호기심을 가지고 있습니다. 그래서 역사 속에서 흥미로움을 느끼고 다양한 생각거리를 얻습니다. 역사에 등장하는 독특한 인간 군상과 사건들을 보면서 오늘날의 사람들은 상상의 나래를 펼치기도 하고 이야기가 주는 재미를 얻기도 합니다. 그런 측면에서 역사는 소설과도 비슷한 측면이 있습니다. 문학에서 그러하듯 역사에서도 우리는 인생의 진리, 세상의 의미를 파악해 낼 수 있습니다. 위인이건 평범한 사람이건 특별한 사물이건 그렇지 않건 간에 과거부터 우리 인간과 관계를 맺어 온 것들에 대한 관심과 그것을 통해 진리를 탐구하고자 하는 이들이 존

재하는 한, 역사는 아마도 계속해서 생명력을 가질 것입니다.

역사는 암기과목이 아닙니다. 연도나 사람 그리고 사건을 모두 좔좔 외운다고 해서 혹은 이것들을 연결할 수 있다고 해서 역사를 아는 것이 아닙니다. 오늘의 내가 그리고 미래의 누군가가 과거의 진실을 찾고자 노력할 때에야 비로소 역사는 자신의 얼굴을 드러낼 것입니다.

그렇다면 이런 역사의 얼굴을 만나는 것이 우리에게 무슨 의미가 있을까요? 사실 역사가 없어도 우리는 얼마든지 잘 살 수 있습니다. 역사를 안다고 해서 밥벌이가 되는 것도 아닙니다. 역사는 인간을 연구하는 기초적인 학문이지만 실용적인 측면만 고려한다면 쓸모없을 수도 있습니다. 그렇지만 역사는 더불어 사는 세상에서 나와 다른 남을 어떻게 볼 것인가, 그리고 어떤 세상을 만들어 갈 것이며 그 속에서 나는 무엇을 할 것인가를 곰곰이 생각해 보게 해 주는 역할을 합니다. 같은 역사가 되풀이되지는 않지만 과거가 가르쳐 주는 진실을 통해 우리는 내일을 준비할 수 있을 것입니다. 근본적인 진실과의 만남, 그리고 편견을 넘어 나와 남을 이해할 수 있는 열쇠, 이것만으로도 역사가 존재하는 의미는 충분하지 않을까요? 오늘날 우리가 살아야 하는 이유와 앞으로 나아가야 할 방향 등에 대해 조금이라도 지혜를 얻을 수 있다면 역사는 그 자체로 생명력을 가질 수 있습니다.

오늘날 우리는 과거를 똑같이 재현할 수는 없지만 역사를 통해 그 모습을 마치 모자이크처럼 짜 맞출 수 있습니다. 이를 통해 교훈을 얻기도 하고 세상의 다양한 문제를 풀 수 있는 방향을 잡을 수도 있습니다. 왜냐하면 역사는 탐구를 통해 진리를 찾는 과정으로 해석되기도 하기 때문입니다. 만약 미래의 진로를 선택해야 하거나 다른 고민거리가 있다면 과거의 사람들은 이와 유사한 상황에서 어떻게 대처했는지 찾아보는 게 어떨까요? 또는 오늘 신문에 실린 사회적 이슈를 해결할 수 있는 방안을 찾아 역사를 뒤적여 보는 건 어떨까요?

대중문화 속 역사의 다양한 얼굴 찾기

쉬는 시간이나 점심시간 등을 활용해서 역사책을 읽는 학생들을 발견하기란 매우 드뭅니다. 여가 활동으로 독서를 한다는 말도 많이 사라진 듯합니다. 그보다는 mp3 플레이어로 음악을 듣거나 휴대용 멀티미디어 플레이어(PMP)나 휴대전화로 동영상을 보는 학생들이 부쩍 늘었습니다. 독서 활동보다는 대중문화, 특히 영상문화에 익숙한 요즘 세대에게 "역사란 무엇인가" 혹은 "역사 속에 어떤 진실과 본질이 숨어 있나"에 대해 얘기하는 것이 어쩌면 어렵고 고리타분하게 느껴질지도 모르겠습니다. 그런데 의외로 우리가 늘 접하는 대중문화 속에도 역사의 모습이 많이 녹아 있답니다. 몇 가지 예를 통해서 역사의 다양한 얼굴을 살펴볼까요?

과거를 통해 미래 엿보기

우선, 할리우드 영화 〈나는 전설이다〉를 잠깐 살펴볼까 합니다. 이 영화는 미국의 유명 가수이자 배우인 윌 스미스가 주연을 맡아 화제가 되었지요. 공포와 스릴, 액션이 담긴 SF영화입니다. 영화의 배경은 전 인류가 바이러스에 감염되어 뱀파이어로 변해 버린 2012년의 지구입니다. 인류는 바이러스의 전염으로 멸망해 가고 네빌이라는 군인이자 과학자만이 살아남습니다. 그는 이 바이러스를 치료하기 위해 혼신의 힘을 다해 백신을 개발합니다. 그 이유는 3년 전바이러스의 전염을 피하려다 자신만 빼고 사랑하는 가족이 모두 죽었기 때문입니다. 과거의 아픈 경험, 이것이 그가 끝까지 살아남아 백신을 연구하는 단초가 됩니다.

직접적으로 역사와 관련되어 있지는 않지만 그의 활동에는 역사가와 비슷한 면이 있습니다. 역사가는 과거를 탐구합니다. 과거에서 자신이 알고자 하는 사안의 원인을 규명하여 현재와 미래에 걸어갈 방향을 조금이라도 찾고자 하는 소망이 있기 때문입니다.

동양에서 역사의 아버지라 불리는 사마천(司馬遷, BC 145~BC 86)은 자신의 친구를 변호하다 오히려 벌을 받게 됩니다. 그러자 그는 자신의 행위가 정당하였음을 증명하기 위하여 역사서를 편찬합니다.

'역사란 과거와 현재의 대화' 라는 유명한 말을 남긴 E. H. 카(Edward Hallett Carr, 1892~1982)는 진정한 역사가는 미래에 대한 이해와 전망을 가지고 과거를 다뤄야만 더욱 객관적일 수 있다고 하였습니다.

이처럼 역사는 단순히 '과거의 기록' 으로서의 의미만을 지니는 것

☺ 사마천
(司馬遷, BC 145~BC 86)
중국 전한(前漢)시대의 역사가. 『사기(史記)』를 저술하였다.

☺ E. H. 카
(Edward Hallett Carr, 1892~1982)
영국의 역사가. 외교관과 언론인으로도 활약하였으며 러시아 혁명에 관한 글을 다수 남겼다. 대표작으로는 『역사란 무엇인가』 『볼셰비키 혁명』 등이 있다.

은 아닙니다. 역사는 자신이 살아가는 이유에 대한 고민, 미래의 삶을 어떻게 살 것인지에 대한 고민에서 등장하기도 합니다.

나 혼자 다른 존재라면 어떤 선택을 해야 할까

한편 영화 〈나는 전설이다〉는 우리에게 또 다른 생각거리를 던집니다. 모든 사람이 뱀파이어로 변해 버리고 혼자만 인간으로 남아 있는 상황은 쉽게 상상되지 않습니다. 그것은 무엇을 상징할까요? 자, 이와 유사한 상황을 우리 현실에서 한번 찾아봅시다. H.R 시간이나 수업시간에 토론을 한다고 가정해 봅시다. 만일 여러분 혼자만 다른 주장을 하는 상황이 벌어진다면 어떻게 해야 할까요? 외톨이가 되는 것을 감수하고 자신의 주장을 설득시켜야 할까요? 아니면 다수의 의견을 어쩔 수 없이 받아들여야 할까요?

역사 속에는 이러한 상황에 처한 사람들이 종종 등장합니다. 예를 들면 중국 춘추전국시대 초나라 정치인 굴원이 그러한 경우입니다 (굴원은 『어부사』의 작가로도 알려져 있습니다). 그는 주변의 모함 때문에 왕의 인정을 받지 못하고 양자강 이남 지방으로 추방됩니다. 그렇지만 여전히 그는 자신의 주장을 굽히지 않고 세상이 자신의 의견을 알아주지 않는 것에 대해 한탄합니다. 하루는 그렇게 시름에 젖어 있는 굴원에게 지나가던 어부가 묻습니다. "당신은 초나라 재상 굴원이 아닙니까? 어쩌다 이런 신세가 되었습니까?" 이에 굴원이 "세상이 혼탁한데 나 홀로 맑고, 모든 사람이 취해 있는데 나 홀로 깨어 있어 이곳으로 쫓겨났소."라고 답합니다. 그러자 어부가 또 묻습니다. "사물에 구속받지 않고 흐르는 대로 세상을 사는 것이 성인의 방도인데, 세상이 혼탁하다면 같이 취하면 되지 않습니까?" 하지만 굴원은 "강물에 몸을 던져 물고기밥이 될지언정 세속에 몸을 더럽힐 수 없소."라고 답합니다. 굴원은 외톨이가 될지라도 자신의 신념을 굽힐 수 없었던 거죠.

훗날 초나라가 진나라에 함락당하고 멸망 직전에 이르자 굴원은 절망한 나머지 멱라수라는 강물에 몸을 던져 자살합니다. 어부가 보기에는 그러한 굴원이 이해가 되지 않았습니다. 세상과 더불어 사는 것이 더 중요하다고 여겼기 때문입니다. 영화 〈나는 전설이다〉가 던지는 질문에도 이와 유사한 면이 있습니다.

영화 〈매트릭스〉 또한 우리에게 많은 것을 생각하게 만드는 영화입니다. 여기서 인류를 구원하는 역할을 맡은 주인공 네오(슈퍼맨과 같은 존재랄까요)는 파란약과 빨간약 중 하나를 선택해야 합니다. 파란약을 먹으면 기존의 매트릭스(기계가 만들어 놓은 가짜 세계)가 만들어 낸 편안한 세상에서 살 수 있습니다. 그러나 빨간약을 먹으면 기존 세계가 가짜임을 깨닫게 됩니다. 대신 기존에 누렸던 평안과 안락함은 사라지게 됩니다.

우리는 일상생활과 공공의 영역(예를 들면 대통령 선거)에서 매 순간 선택의 기로에 섭니다. 그 속에서 무엇이 옳은 선택인지 판단하기란 어려울 때가 많습니다. 또한 하나를 선택하면 자동적으로 다른 무엇인가를 포기하거나 감내해야 하기 때문에 망설이게 됩니다. 그럴 때 이와 비슷한 경우가 과거엔 없었는지 궁금해지는 것은 당연합니다. 역사는 이러한 일에 대하여 종종 언급합니다. 따라서 더 나은 선택을 하기 위해 역사를 탐구하고 음미해 보는 일은 어쩌면 당연한 것인지도 모르겠습니다.

사극과 진짜 역사를 구분하기

마지막으로 TV 사극 〈태왕사신기〉를 살펴봅시다. 방영이 끝날 때까지 30%를 넘나드는 높은 시청률을 기록한 이 사극은 고구려 광개토대왕(廣開土大王, 375~413)의 일대기를 그린 드라마입니다. 무엇보다도 높은 시청률을 기록한 이유는 화려한 CG와 재미난 내용, 개성이 강한 캐릭터 등이 담겨 있었기 때문입니다. 또한 우리가 접하는

역사 교과서가 정치·경제·사회·문화처럼 분야별로 서술되어 있고 딱딱한 측면이 없지 않아 오히려 역사적 흥미를 감소시키는 데에 반해 그런 것들이 한 데 녹아 있는 〈태왕사신기〉는 역사를 수월하게 이해하는 데도 효과적이었습니다. 더구나 중국의 동북공정(東北工程)과 같은 시사적 이슈도 이 드라마가 인기를 끌게 된 요인이 되었지요. 학교에서도 아이들이 이 드라마를 본 다음날에는 꼭 역사 선생님을 당황스럽게 만드는 질문을 하는 모습을 발견할 수 있었습니다. 어쩌면 학생들의 입장에서는 사극 속에 섞여 있는 허구와 사실을 구분하는 것이 쉽지 않을지도 모릅니다. 이는 이른바 팩션(Fact와 Fiction의 조합)이라고 불리는 최근의 사극–〈주몽〉 〈대조영〉 〈왕의 남자〉 등–이 인기를 끌면서 나타나게 된 현상입니다. 그러나

동북공정(東北工程)

중국에서 2002년부터 시작한 만주 지방의 역사, 지리, 민족 문제 등을 연구하는 국가적 연구 사업. 실제로는 고구려, 발해 등의 우리 역사를 중국 역사로 만들려는 의도가 숨어 있는 것으로 알려지고 있다.

과연 이러한 사극이 올바른 역사 인식을 형성하는 데 기여를 하고 있을까요?

현재 중·고등학교에서 역사는 딱딱한 암기 과목으로 인식되면서 점차 학생들에게서 멀어지고 있습니다. 학생들의 입장에서는 시험을 대비하면서 역사를 봐야 하기 때문에 어쩔 수 없이 그렇게 되리라 봅니다. 이러한 현실을 타개하기 위해서는 사극을 통해 커진 역사에 대한 관심을 학교 수업에서 수용해 보는 것도 괜찮은 방법이라고 생각합니다. 학생들에게서 올바른 역사 인식을 이끌어 낼 수도 있을 것입니다.

그렇지만 그 전에 짚고 넘어가야 할 점이 있습니다. 사극이 교과서를 압도하면서 역사가 왜곡된 형태로 잘못 받아들여질 수도 있다는 것입니다. 환웅이 광개토대왕으로 환생했다는 점을 어떻게 설명해야 할까요? 또한 역사를 '영웅의 일대기와 업적'으로만 인식하지는 않을까 하는 우려도 생깁니다.

분명 역사에서 영웅은 중요한 존재입니다. 그렇지만 역사는 영웅만을 다루지는 않습니다. 나중에 살펴보겠지만, 평범한 농부, 노동자, 여성 등이 역사에서 중요한 역할을 하기도 했고 그런 평범한 사람들을 통해 당시 시대의 풍경을 읽어 내거나 사회적 변화를 규명할 수도 있습니다. 한편으로는 고대의 영웅이나 왕의 존재를 보면서 당시의 시대를 왜곡해서 이해할 수도 있습니다. 드라마 속에서 광개토대왕이 아무리 부드럽고 착한 성품을 지녔더라도 그는 고대 국가인 고구려의 왕이었습니다. 당시에는 왕이나 귀족 등 극소수 지배층 이

외에는 대부분의 사람들이 국가의 명령에 따라야 하고 자신의 의지와 상관없이 전쟁터로 끌려가거나 노동력을 바쳐야 하는 피지배층이 었습니다. 광개토대왕과 고구려의 잃어버린 역사를 되새기는 것은 분명 중요하지만 민족주의에 경도되어 그 시대를 단순히 찬미하거나 고대를 신비화하는 것은 곤란하지 않을까요?

이처럼 우리가 쉽게 접하는 대중문화에도 역사의 다양한 얼굴이 숨어 있습니다. 이제부터는 본격적으로 '역사란 무엇인가' 등 역사가 우리에게 던지는 본질적인 질문들에 대해 차례차례 살펴봅시다. 앞에서 설명했듯이 역사는 과거라는 '시간', 인간이라는 '주인공', 그 밖에 정치·경제·문화 등의 요소가 한 데 어우러진 '실제 존재했던 모습'입니다. 그리고 그 속에 '역사가'라는 매개자를 통해 우리에게 전해진 역사의 모습, 즉 '기록과 평가'가 존재하는 것입니다. 이러한 구성 요소들이 역사 속에서 어떻게 구체화되는지 살펴보다 보면 역사에 대한 이해가 한층 높아질 것입니다.

역사를 소재로 한 다양한 작품을 우리 주변에서 쉽게 찾을 수 있습니다. 〈왕의 남자〉 〈세종대왕〉 〈불멸의 이순신〉 〈대장금〉 〈연개소문〉 〈일지매〉 등의 사극이 계속해서 나오기도 합니다. 이러한 대중문화 속에서 생각해 볼 수 있는 역사적 주제는 무엇이 있을지 찾아봅시다. 그리고 이러한 사극에서 나타나는 역사가 과연 올바른 역사 인식에 도움이 되는지 아니면 해가 되는지도 생각해 봅시다.

마라톤 전투와 역사적 진실

BC 492년부터 BC 448년까지 3차례에 걸쳐 일어난 페르시아 제국의 그리스 원정 전쟁이다.

BC 490년 페르시아의 다리우스 왕이 보낸 군대를 마라톤 평야에서 그리스 군이 물리친 전투이다.

오늘날의 이란 고지대를 중심으로 세워진 고대 제국. 다리우스 1세 때 서아시아를 포함한 넓은 대제국을 건설하였다. 피지배 민족에 대하여 관용을 베풀었으며 '도로'와 '역전제'로 중앙 집권 체제를 유지하였다. 종교는 조로아스터교였다.

마라톤은 페르시아 전쟁(Greco-Persian Wars) 중에 있었던 마라톤 전투(Battle of Marathon)를 기원으로 하고 있습니다. 여러분은 초등학교 시절에 이 마라톤 전투에 대해 들어 보았을 것입니다. 초등학교 5학년 『읽기』 교과서에 마라톤의 유래에 대해 간략하게 소개되어 있습니다. 그 내용을 옮겨 보면 다음과 같습니다.

페르시아 제국(Persian Empire)의 군대가 그리스의 아테네를 침공하자 아테네 군이 목숨을 걸고 싸운 끝에 마라톤 평야에서 페르시아 군을 막아 냈고, 그 소식을 알리기 위해 피디피데스라는 사람이 마라톤 평야에서 아테네까지 약 40여 킬로미터를 쉬지 않고 달려 아테네 군의 승리를 알리고는 탈진해서 숨을 거둔 데에서 마라톤이 유래되었다는 것입니다.

마라톤 전투와 피디피데스

　페르시아 전쟁은 기원전 492년부터 기원전 448년까지 계속되었으며, 다리우스 1세(Darius I, BC 549~BC 486)와 그의 아들 크세르크세스(Xerxes I, BC 519?~BC 465)가 지배하는 거대 제국 페르시아와 그리스 연합군과의 싸움을 가리킵니다. 대표적인 전투로는 마라톤 전투, 살라미스 해전(Battle of Salamis), 테르모필레 전투(Battle of Thermopylae) 등이 있습니다. 이 전쟁에서 페르시아가 그리스를 정복하지 못하고 물러남으로써 향후 아테네를 중심으로 한 그리스의 국가들이 발전하는 계기가 되었다고 알려져 있습니다.

　처음에 언급했던 마라톤 전투는 각종 매체를 통해 소개되어 매우 잘 알려진 역사적 사실입니다. 그런데 최근의 역사가들은 이 마라톤 전투에 등장하는 피디피데스가 아테네 군의 승리를 알리고 탈진하여 죽었다는 사실에 대해 의문을 제기합니다. 피디피데스가 마라톤 전투의 승리를 알린 것도 아니고 탈진하여 죽은 것도 아니라는 것입

니다. 일부의 역사가들이 주장하는 역사적 사실은 다음과 같습니다. 전투에서 진 페르시아 군이 함대를 이끌고 아테네로 쳐들어갈 것을 우려한 아테네 병사들은 사력을 다해 아테네로 돌아갑니다. 비록 마라톤 전투에서는 승리하였지만 42킬로미터 뒤에는 그들의 가족들이 페르시아 군 앞에 무방비 상태로 놓여 있었기 때문입니다. 실제로 페르시아 함대는 아테네에 진입하였지만, 그때는 이미 아테네 병사들이 마라톤에서 아테네까지 쉬지 않고 달려와 방어체계를 구축한 뒤였습니다. 결국 페르시아 병사들은 아테네를 공격하지 못하고 물러가게 되었다는 것입니다.

그렇지만 이런 역사적 사실과 달리, 감동적인 피디피데스의 전설에서 영감을 얻은 프랑스의 역사학자이자 언어학자인 미셸 브레알(Michel Breal, 1832~1915)은 '마라톤'을 1896년 근대 올림픽 경기에 포함시킬 것을 제안하였습니다. 올림픽의 창시자인 쿠베르탱 남작(Pierre de Coubertin, 1863~1937)은 아테네에서 개최된 제1회 국제 올림픽 경기대회에 마라톤을 정식 종목으로 채택하게 되었습니다.

여러분은 이 부분을 읽으며 어떤 생각을 했습니까? 저는 매우 당혹스럽습니다. 고등학교 『세계사』 교과서에도 분명히 그리스의 한 병사가 승전보를 알리고 숨졌다고 마라톤 전투의 유래가 소개됩니다. 그런데 피디피데스의 이야기가 전혀 역사적 사실이 아니라니요. 이렇게 무엇이 진실인지 알 수 없는 경우, 여러분의 눈으로 직접 확인해 보고 싶은 마음이 생기진 않나요?

마라톤 전투의 증거 찾기

　서로 다른 역사적 사실 중 어느 것이 옳은 것인지 판단하기 위해서는 증거가 있어야 합니다. 마치 재판에서 피고와 원고가 각각 무죄와 유죄를 입증하기 위해 증거를 제시하는 것처럼 말입니다. 그렇다면 마라톤 전투의 증거는 무엇일까요? 역사에서 증거가 될 수 있는 1차적 자료를 '사료(史料)'라고 부릅니다. 사료는 역사를 연구할 때 활용하게 되는 기록이나 유물, 유적 등을 가리킵니다. 이제 마라톤 전투의 역사적 사실을 확인하기 위해 사료를 찾아봅시다.

　가장 좋은 것은 역사의 현장으로 직접 가서 남아 있는 자료를 살펴보는 것입니다. 그렇지만 거기까지 가는 것도 쉽지 않고, 설령 간다 해도 현재의 마라톤 평야에서 2,500여 년 전의 역사적 흔적을 찾아내는 일은 더욱 힘들 것입니다. 그렇다면 그 다음으로 할 수 있는 일은 마라톤 전투를 소개한 당시의 기록을 찾아보는 것입니다.

　마라톤 전투를 최초로 소개한 기록은 서양에서 역사의 아버지라고 불리는 헤로도토스(Herodotos, BC 484?~BC 425?)의 『역사(Historia)』입니다. 이 책은 페르시아 전쟁을 기록한 최초의 책이자 역사서로 알려져 있습니다. 여러분들도 도서관에서 한글로 번역되어 있는 『역사』를 빌려 보면 손쉽게 사실을 확인할 수 있습니다.

　이 책에는 페르시아 군의 이동과 그 대응하는 아테네 군의 대형 및 전투 상황들이 잘 나타나 있습니다. 그렇지만 우리가 확인하려고 했던 '피디피데스가 마라톤 전투의 승리를 아테네에 전하고 죽었다'는 기록은 아쉽게도 찾을 수 없습니다. 그렇다면 초등학교 『읽기』교과서와 고등학교 『세계사』 교과서에 담긴 마라톤 경기의 유래는 틀린 것일까요? 초등학교 5학년 교과서에는 마치 변명처럼 '이 이야기가 실제로 있었던 일인지는 확실하지 않지만' 이라는 문구가 살짝 등장하기도 합니다.

우리가 최초의 증거 자료로 삼은 헤로도토스의 『역사』에 적혀 있지 않다고 해서 피디피데스가 마라톤의 승리를 알리고 죽었다는 사실이 명백하게 틀렸다고 할 수는 없습니다. 다른 사료에서 나올 수도 있기 때문입니다. 그렇지만 마라톤 전투에 대해 페르시아 쪽에서 남긴 기록은 아직 발견되지 않았습니다. 또한 피디피데스의 일화가 사실이라는 것을 증명할 다른 기록도 없습니다. 따라서 오늘날 우리가 마라톤 전투를 피디피데스가 진짜로 알렸는지 확인할 수 있는 방법은 없는 것으로 보입니다.

다른 주장도 있습니다. 당시에 그리스인들은 이미 오래전부터 신호로 소식을 전하는 통신체계를 갖추고 있었습니다. 따라서 아테네 시민들은 피디피데스가 목숨을 걸고 달려오기 훨씬 전에 전투의 결과를 알 수 있었을 것이라고 추측하는 역사가도 있습니다.

'역사적 진실'이란 무엇인가

지금까지 우리는 마라톤 전투를 통해 '역사'와 관련된 몇 가지 개념을 알게 되었습니다. 첫째, 역사는 마라톤 전투처럼 '사실(fact)'을 다룬다는 것입니다. 사실이 아닌 허구의 이야기는 역사가 아니라 소설이나 영화 등에서 등장하겠지요. 둘째, 우리가 알고 있는 역사적 사실이 맞는지 아닌지 알기 위해서는 증거가 필요하고, 그것을 '사료'라고 부른다는 것입니다. 마라톤 전투에 등장하는 피디피데스의 이야기를 증명할 수 있는 사료가 없다면 그것은 역사적 사실이 될 수 없습니다. 셋째, 기존의 사료를 통해 객관성이 증명된 것이 역사지만, 반대로 다른 사료가 나오면 뒤집힐 수도 있다는 것입니다. 넷째, 이렇게 여러 사료를 종합함으로써 우리는 당시의 '역사적 진실'에 다가갈 수 있다는 것입니다. 다시 말해, 과거의 근본적인 진실을 찾는 것, 그것을 바로 '역사'라고 부를 수 있을 것입니다.

역사를 그리스어로 'Historiai'라고 합니다. 히스토리아(historia)의 복수형이고, 앞에서도 언급했듯이 그 뜻은 '탐구'입니다. 즉, 사료로 확인이 된 역사적 사실들을 통해 과거의 근본적인 진실을 찾는 탐구 과정, 그것이 역사라는 것입니다.

역사란 객관적인 과거의 사실을 담아야 하고 그것을 입증할 수 있는 증거가 필요합니다. 그런데 마라톤 전투를 알린 피디피데스의 이야기는 헤로도토스의 『역사』에서 찾아볼 수 없었습니다. 따라서 피디피데스의 이야기는 역사적 진실이라고 보기 어렵습니다. 과거의 이야기라고 해서 무조건 믿어서는 안 되며 그 증거인 '사료'를 찾아 확인해 보아야 한다는 것을 알 수 있습니다. 그런데 만약 '사료' 자체가 왜곡되어 있다면 우리는 역사를 어떻게 믿을 수 있을까요?

과거와 현재를 이어 주는 다리, 사료

앞서 우리는 마라톤 전투의 사료로서 헤로도토스의 『역사』를 살펴보았습니다. 사료란 역사적 자료, 즉 과거의 사람들이 남긴 기록과 같은 문헌이나 유물, 유적 등을 말합니다. 다시 말해 역사의 객관적 증거라는 말입니다. 사료에 대해 좀 더 살펴보겠습니다.

과거 복원의 열쇠

오늘날 첨단과학의 발전으로 우주 정복이나 인간 복제의 꿈 같은 것들이 조금씩 현실화되고 있습니다. 만약 타임머신을 만들 수 있다면 과거의 일까지도 정확히 알 수 있겠지요. 마라톤 전투의 진실도, 불타 버린 황룡사 9층 목탑의 모습도 그리고 베일에 싸인 수많은 역사의 실체를 확인할 수 있을 것만 같습니다. 하지만 아직까지는 아무리 과학기술이 발전하였다고 하더라도 과거를 똑같이 재현해 낼 수는 없습니다. 따라서 과거를 사실적으로 담아 놓은 사료는 매우 중요한 가치를 지닙니다. 예를 들어 2008년 2월에 불타 버린 숭례문의 경우를 생각해 봅시다. 숭례문은 조선을 대표하는 건축물이자 우리의 자랑스런 국보 제1호입니다. 현재 안타깝게도 불에 타 버려 이제는 그 원형을 알 수 없게 되었습니다. 하지만 그나마 불행 중 다행이랄까요. 1960년대 숭례문을 해체·보수하면서 남긴 『정밀실측도면』 등의 자료가 남아 있어 시간이 걸리긴 하겠지만 복원이 가능할 것이라는 예측이 있습니다. 결국 사료가 있기 때문에 과거의 역사를 현재에 복원할 수 있다는 것입니다.

하지만 그런 사료가 없기 때문에 역사적 궁금증을 채워 주지 못하는 경우가 많습니다. 조선의 '거북선'이 대표적인 경우입니다.

거북선은 임진왜란에서 이순신(李舜臣, 1545~1598)의 해전 승리를 가능하게 한 중요한 요인이었습니다. 거북선에 대한 상세한 사료가 하나라도 제대로 남아 있다면 오늘날 거북선을 바다 한가운데에 복원해 놓을 수도 있을 것입니다. 그렇지만 거북선에 대한 정확한 기록이나 관련 유물이 존재하지 않기 때문에 거북선이 과연 철갑선이었는지, 머리 부분에는 화포가 달렸었는지 등 논쟁이 이어지고 있습니다. 이순신이 조선 정부에 올린 보고서의 일종인 장계(狀啓)나 『난중일기(亂中日記)』에는 거북선에 대한 자세한 설명이나 그림 혹은 설계도 등에 관해 별다른 기록이 있지 않습니다. 다만 이순신이 장계에다 "임진왜란 전에 왜적의 침입에 대비하여 거북선을 만들었는데 앞

머리에 있는 입으로 대포를 쏘고 등에는 쇠못을 꽂았다.”는 기록을 남겼습니다. 또 안에서는 밖을 내다볼 수 있지만 밖에서는 안을 들여다볼 수 없고 돌격장이 거북선을 타고 적선 안으로 들어갈 만하다는 정도의 짤막한 설명이 있을 뿐입니다. 하지만 ‘등에는 쇠못을 꽂았으며’ 라는 구절만으로는 거북선이 철갑선인지 아닌지의 근거로 삼기에는 너무나 부족합니다. 이럴 때 ‘타임머신이 있다면 임진왜란의 현장으로 가 볼 텐데’ 하는 생각이 더욱 절실하게 듭니다.

객관적 사실의 기록

사료의 대부분은 기록입니다. 그런데 사료를 살펴보기 전에 이 기록을 과연 객관적인 사실로 볼 수 있는가 하는 문제부터 생각해 보아야 할 듯합니다. 우리에게 친숙한 역사서인 김부식(金富軾, 1075~1151)이 쓴 『삼국사기(三國史記)』와 일연의 『삼국유사(三國遺事)』를 살펴볼까요? 이 두 권의 역사서는 사실이라기보다는 신화라고 여겨지는 부분을 역사로 인정하고 있습니다. 『삼국사기』에 신라의 시조 박혁거세(朴赫居世, BC 69~AD 4)는 큰 알에서 태어난 것으로 기록되어 있고 주몽 또한 알에서 태어난 것으로 기록되어 있습니다. 『삼국유사』에는 하늘의 아들인 환웅이 땅에 내려와 곰이었던 여자와 결혼하여 단군을 낳았다고 적혀 있습니다. 오늘날에는 도무지 과학적으로 설명할 수 없는 일이지만 사료 속에는 엄연한 사실로 기록되어 있는 것입니다. 이것을 어떻게 봐야 할까요? 이 사료들을 객관적 사실로 받아들일 수 있을까요?

오늘날 역사가들 사이에서는 단군 신화는 하늘을 섬기던 환웅 부족과 곰을 토템(totem)으로 숭배하던 부족 간의 결합을 민족적 영웅담으로 각색한 것이라는 해석이 일반적입니다. 주몽, 박혁거세 등과 관련된 난생 설화도 마찬가지로 국가 성립의 정당성과 자주성을 공고히 하기 위한 설정으로 이해하고 있습니다.

한편, 우리 민족 최초의 국가인 고조선에 관해 사료로 활용할 수 있는 문헌의 양은 고작 A4용지로 한두 페이지에 불과하다고 합니다. 따라서 고조선을 객관적인 역사로 파악하기 위해서는 문헌에 더하여 해당 유물이나 유적에 대한 검토가 필요합니다. 당시 고조선에서 사용한 청동검(비파형동검)이나 고인돌 등의 유물을 통해 우리는 고조선의 역사적 실체에 조금은 다가갈 수 있게 되었습니다.

거꾸로 유물과 유적만으로는 역사를 제대로 알 수 없을 때도 있습니다. 이럴 땐 기록이 담긴 문헌이 역사를 탐구하는 데 필수적인 증거입니다. 무령왕릉의 경우를 살펴봅시다. 1971년 충남 공주에서는 벽돌무덤으로 화려하게 장식된 한 왕릉이 발견됩니다. 여기서 엄청난 유물이 쏟아졌지만 정작 이것이 누구의 무덤인지는 알 수 없었습니다. 그런데 이 무덤에 있는 지석(誌石, 글자가 새겨진 비석)에 "백제 사마왕(斯麻王)이 523년 62세에 죽어 묘에 안장한다."는 내용이 적혀 있었습니다. '사마왕'이라고 하면 여러분도 낯설 것입니다. 그런데 김부식의 『삼국사기』 백제본기 편에 보면 무령왕(武寧王, 462~523)에 대해 "이름이 사마이고, 모대왕의 둘째 아들이다."란 기록이 있습니다. 따라서 이것이 무령왕의 무덤이라는 것을 알 수 있게 되었습니다. 이처럼 『삼국사기』라는 문헌이 없었다면 그 무덤의 주인이 누구인지는 아마 추측만 가능했을 것입니다.

사료의 또 다른 단면

사료들 중에는 객관성이 떨어지는 기록도 발견할 수 있습니다. 대표적인 경우가 '기자조선(箕子朝鮮)'입니다. 기자가 누구인지 궁금해하는 독자도 있을 법한데요. 오늘날 우리는 고조선에 대해 배울 때 보통 '단군조선(檀君朝鮮)'과 '위만조선(衛滿朝鮮)'으로 나눠 배웁니다. 교과서에서는 단군조선을 청동기 시대에 등장하는 우리나라 최초의 국가로 보고, 위만조선 때부터 철기 문화가 시작된 것으로 구분합니다. 그런데 그 사이에 기자조선이 있다는 중국 측의 기록이 있습니다.

기자는 중국인입니다. 단군의 뒤를 이어 조선을 다스린 인물로 고조선에 예의범절과 중국의 문화를 전해 준 이로 알려져 있습니다. 그에 대한 기록은 중국의 역사책이나 일연의 『삼국유사』에도 등장하는데, 중국에서 기자라는 사람을 조선의 왕으로 봉하였고 단군은 그에게 자리를 내주었다고 합니다. 오늘날 우리는 이런 의문을 가져 볼 수 있을 것입니다. 기자조선이 최근 동북공정의 의도처럼 우리의 역사가 중국에 속한 것이라는 증거가 되지는 않을까요?

그런데 의외의 사실이 있습니다. 기자가 본격적으로 우리 역사에서 언급되고 주목받았던 시기는 바로 조선 시대입니다. 조선의 양반들에게 기자조선의 존재는 우리 조선이 중국이라는 정치적·문화적 선진국과 대등한 수준의 국가였다는 증거였기 때문입니다. 조선 시대의 정치, 경제, 사회, 문화를 관통하는 핵심은 성리학(性理學)입니다. 성리학은 인의예지(仁義禮智)를 강조합니다. 조선은 왕에서부터 백성까지 모두 이 성리학적인 질서, 즉 인과 예에 의해 다스려진 국가입니다. 사대부들의 눈에 기자는 이런 '인'과 '예'의 정신을 수천 년 전에 우리나라에 전해 주고 우리 민족을 다스렸던 은인과도 같은 존재입니다. 그로 인해 비로소 우리 민족은 오랑캐, 즉 야만인이 아니라 중국과 대등한 문화인이 되었다는 인식이 깔려 있기도 합니다.

기자조선은 『동국사략(東國史略)』 『동국통감(東國通鑑)』과 같은 조선 전기의 역사서에서부터 율곡 이이(李珥 栗谷, 1536~1584)가 지은 『기

💬 **성리학(性理學)**
중국 송나라의 주자가 만든 유학의 일종이다. 공자와 맹자의 학문을 이어받으면서 우주의 이치와 인간 심성을 철학적으로 사색하였다. 우주 만물의 근본 원리를 이(理)와 기(氣)로 파악하여 이해하였다.

💬 **율곡 이이**
(李珥 栗谷, 1536~1584)
조선 중기의 유학자이자 정치가. 대표 저서로는 『격몽요결』 『성학집요』 등이 있다.

자실기(箕子實記)』, 실학자로 알려진 18세기 안정복(安鼎福, 1712~1791)의 『동사강목』까지 조선 시대에 쓰인 대부분의 역사서에 등장하며 우리 민족사의 정통으로 취급됩니다. 특히 율곡 이이는 『기자실기』에서 기자가 조선을 다스리며 힘써 가르쳐 주었기 때문에 우리가 오랑캐의 풍속에서 벗어나 문화적으로 융성하게 되었으므로 기자의 발자취를 집집마다 읽고 사람마다 익혀야 한다고 강조합니다.

하지만 오늘날 우리는 기자의 역사를 지워 버렸습니다. 현재의 교과서에 기자조선이 등장하는지 확인해 보아도 좋습니다. 중·고등학교에서 배우는 역사 교과서에 기자조선을 민족사의 정통으로 인정하고 구체적으로 설명한 내용은 찾을 수 없습니다(다만, 중학교 『국사』 교과서를 보면 옛 문헌상에 기자조선이 나타난다는 것만은 밝히고 있습니다).

그렇다면 18세기까지 각종 역사서에 등장했던 기자조선이 왜 사라지게 된 것일까요? 그 이유는 사료에 나타난 기자조선에 대한 문헌 기록이 왜곡된 것이기 때문입니다. 오늘날 우리나라의 역사가들은 기자조선의 기록이 중국의 문헌에 의존한 허구적인 기록이라고 보고 있습니다. 기자조선의 유물로 추측되는 것들을 고고학적으로 발굴하여 분석해 보아도 중국 고대 국가와 연관성이 있을 뿐, 고조선으로 대표되는 우리의 고대 문화와는 전혀 다르다는 것이 대부분 확인되었습니다. 따라서 기자로 대표되는 어떤 세력이나 작은 국가가 있었다고 가정하더라도, 그것은 고조선의 영역 근처까지 이동해 온 중국의 정치 세력 중 일부일 수는 있어도 고조선과 직접 관련되어 있다고는 말할 수 없습니다. 오늘날에는 전혀 인정받지 못하는 기자조선이 고려와 조선 시대 내내 우리 역사로 취급받았다는 사실이 놀랍기까지 합니다.

이처럼 사료를 역사의 객관적 증거로서 전적으로 받아들일 수 없는 경우도 생깁니다. 즉, 과거부터 내려온 기록이라고 하지만 왜곡되는 경우도 생길 수 있다는 말입니다.

『조선왕조실록』 속 역사의 왜곡

이런 경우는 『조선왕조실록(朝鮮王朝實錄)』에서도 찾아볼 수 있습니다. 바로 광해군(光海君, 1575~1641)에 관한 내용입니다.

여러분 중에 혹시라도 『조선왕조실록』이 한 권으로 된 것으로 아는 사람은 없겠죠? 『조선왕조실록』은 조선 초대왕의 이야기인 『태조실록』에서부터 마지막 왕의 이야기인 『순종실록』까지로 구성되어 있습니다. 다만 『고종실록』과 『순종실록』은 일제에 의해 편찬되었고 서술 방식도 이전의 실록들과 달라 보통 『철종실록』까지를 『조선왕조실록』으로 봅니다. 『조선왕조실록』은 현대 한글로 정리되어 인터넷 사이트(http://sillok.history.go.kr)에 올라와 있기 때문에 여러분이 직접 확인할 수 있습니다.

그런데 『조선왕조실록』 중에서 『광해군일기』는 사료의 객관적이지 못한 면을 단적으로 보여 주는 사례로 종종 언급됩니다. 원래 모든 실록은 완성본 하나만 존재해야 하는데 『광해군일기』의 경우에는 중간수정본이 별도로 보관되어 있습니다. 그 두 권은 같은 이름의 『광해군일기』이지만 내용이 모두 똑같지는 않습니다. 수정본에는 먹 또는 붉은 먹을 사용해 삭제하거나 수정·보충한 부분이 그대로 남아 있어 완성본과 비교가 확실하게 됩니다. 문제는 삭제·수정·보충된 부분 중에 어떤 부분은 너무나 심할 정도로 역사적 사실을 왜곡하고 있다는 것입니다. 예를 들면 '광해군이 눈병에 걸려 눈이 충혈되었다'는 원문의 내용이 '광해군의 광폭한 성격 탓에 눈이 붉어졌다'라고 수정되어 있다고 합니다. 이런 식의 고침은 상식 밖의 왜곡이라 뭐라 할 말이 없습니다. 우리가 연산군과 함께 광해군을 조선의 대표적인 폭군으로 기억하는 것은 이런 식의 막무가내적인 역사적 왜곡으로 인한 것은 아닐까요? 광해군이 영창대군(永昌大君, 1606~1614)을 죽이고 인목대비(仁穆大妃, 1584~1632)를 몰아낸 점, 토목 공사를 무리하게 진행한 점은 비판받아 마땅한 면입니다. 그렇지만 오늘날 우리에게 조선을 대표하는 폭군으로 알려질 만큼 광해군에 대해 일방적인 평가를 해 온 점은 당시의 역사적인 흐름을 고려하여 되짚어 봐야 할 것입니다.

광해군에 대한 엇갈린 평가

『광해군일기』에는 광해군이 임진왜란 당시 우리를 도와준 명나라의 은혜를 저버리고 오랑캐(청)에게 성의를 베풀었다는 점이 기록되어 있습니다. 『광해군일기』를 수정하고 완성본을 만든 이들은 광해

군과 북인(北人)정권을 한꺼번에 몰아내고 인조반정(仁祖反正)을 성공시킨 서인(西人) 세력이었습니다. 그들은 기본적으로 명나라(明, 1368~1644)를 지지하고 오랑캐인 청나라(淸, 1636~1912)에 끝까지 항거하기를 선택하였습니다. 그런데 당시 광해군은 명나라의 국력이 쇠하고 신흥 세력인 청의 정치적 영향력이 커지고 있기 때문에 훗날 청에 의해 조선의 운명이 좌우될 수 있다고 판단했습니다. 당시 청나라와 맞서고 있던 명나라가 임진왜란 당시 조선을 도와준 점을 들어 조선에 원군을 요청하였지만 국제 정세를 파악하고 있던 광해군은 조선의 안전을 도모하기 위해 명과 청 사이에서 중립외교를 추구했습니다. 명에게 원군을 파병하면서 실제 청과의 전투에서는 금세

북인(北人)

학문적으로는 의(義)를 강조한 조식의 문하생들이 중심이 되어 정치적으로는 광해군을 지지하였다. 정인홍, 이이첨 등이 북인에 속하며 광해군을 도와 정권을 이끌었다.

인조반정(仁祖反正)

1623년 서인 세력이 광해군과 북인 세력을 몰아내고 인조를 왕으로 옹립한 사건이다.

서인(西人)

율곡 이이와 성혼의 문하생들로서 성리학의 명분론과 예론을 중시하였다. 인조반정을 주도하고 청에 대한 북벌을 주장하였다. 훗날 노론과 소론으로 분화된다.

명나라
(明, 1368~1644)

명 태조 주원장을 중심으로 한 한족(漢族)에 의해 세워진 중국의 나라. 몽골족의 원나라를 멸망시켰다.

청나라
(淸, 1636~1912)

청 태조 누르하치의 여진족이 명나라를 멸망시키고 세운 나라. 중국의 마지막 왕조이다. 우리나라에 두 차례 침입하여 정묘호란과 병자호란을 일으켰다.

항복해 버린 것입니다. 이러한 과정을 통해 광해군은 명과 청 사이에서 아슬아슬하게 조선의 안전을 확보했습니다. 그러나 서인에게 이것은 명에 대한 배신 그 자체였습니다. 따라서 인조반정을 통해 집권한 후에 『광해군일기』에서 그들은 광해군이 오랑캐인 청에게 성의를 베풀었다고 왜곡된 기록을 남깁니다. 오늘날 광해군의 중립 외교 정책은 교과서에 긍정적으로 서술되고 있습니다. 이렇게 사료가 반드시 객관적이고 믿을 만한 것은 아닐 수도 있다는 좋은 예가 바로 『광해군일기』입니다.

사료는 역사의 명백한 증거라고 생각했는데 광해군의 예를 통해 우리는 왜곡된 사실이 담길 수도 있다는 것을 알게 되었습니다. 그러나 우리는 사료를 바탕으로 역사를 되돌아볼 수밖에 없는데, 사료가 충분하지 않거나 객관적이지 못한 경우라면 역사는 존재의 이유를 상실해 버리게 되는 것이 아닐까요? 그리고 만약 사료의 불충분함이라는 문제를 메우기 위해 역사가가 상상력을 발휘하여 과거에 '있음직한' 사실을 그럴 듯하게 적는다면 결국 역사는 허구를 바탕으로 하는 이야기, 즉 소설과 전혀 차이가 없을 수도 있습니다.

과거의 모습을 완벽히 알 수 없는 우리로서는 의지할 것이라곤 사료밖에 없는데 이 사료마저 문제가 있다면 역사 자체에 대한 믿음이 무너져 내리게 됩니다. 그렇다면 이 문제를 어떻게 해결해야 할까요? 이제부터는 그 해답을 얻기 위해 동·서양의 역사가들이 어떻게 사료를 대했는지부터 알아볼까 합니다.

우리가 과거의 역사를 알 수 있는 것은 일차적으로 사료가 남아 있기 때문입니다. 이순신이나 무령왕처럼 교과서에 등장하는 역사적인 인물, 사건 등은 모두 이러한 사료를 통해 알게 된 역사적 사실인 것입니다. 그러나 허구에 가까운 기자조선이나 광해군에 대한 엇갈린 평가와 왜곡 등의 예에서도 나타나듯이 사료를 100% 믿을 수 없는 경우도 생길 수 있습니다. 왜 이런 일이 발생하는 것일까요? 한번 생각해 봅시다.

제2부

역사를
어떻게 바라볼 것인가

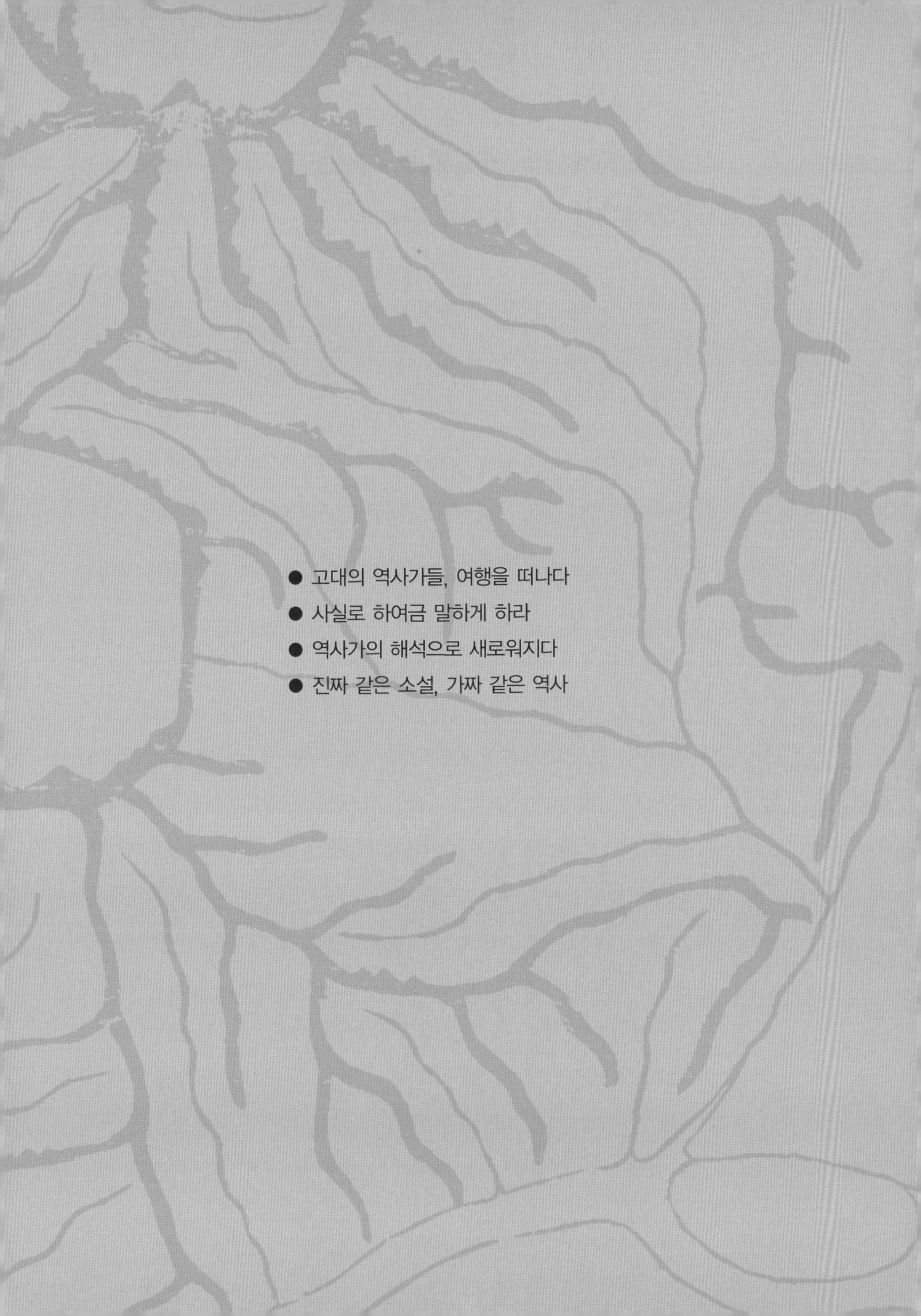

고대의 역사가들, 여행을 떠나다

2005년 5월 1일 새벽, 산악인 박영석은 북극점 도달에 성공합니다. 그는 2004년에는 남극점을 등반하였고 2001년에는 '세계의 지붕'이라 불리는 히말라야 14좌를 최단 기간에 올랐습니다. 그리하여 그는 세계 최초로 산악 그랜드슬램(mountain grand slam)을 달성합니다. 혹독한 강추위와 바람, 포기하고 싶은 유혹과 싸우며 '산이 거기에 있으니까'라는 단순한 말을 등대 삼아 살아가는 산악인들을 보면 존경스러운 마음과 함께 따라가고 싶은 마음이 절로 생깁니다.

늘 새롭게 도전할 산을 찾는 산악인처럼 역사가도 과거의 흔적을 찾아 산으로 혹은 땅으로 여행을 떠납니다. 서양과 동양에서 각각 '역사의 아버지'라 불리는 헤로도토스와 사마천은 역사를 서술하기 전에 먼저 머나먼 여행을 떠났습니다. 보통 역사적 현장에 가서 직접 조사하는 것을 '답사(踏査)'라고 하는데요. 과거의 흔적을 찾아 헤

❀ 산악 그랜드슬램
(mountain grand slam)
산악인이 세계 8,000미터급 14좌(座)와 7대륙 최고봉, 세계 3극점을 모두 등반하는 것을 일컫는다.

로도토스는 거의 10여 년 동안 답사를 다녔답니다. 그는 북으로는 오늘날 우크라이나 지방의 초원지대, 동으로는 4대 문명 발상지의 하나인 유프라테스 강(Euphrates River) 유역을 거쳐 페르시아 제국의 바빌론(Babylon)까지, 남으로는 이집트, 서로는 이탈리아와 시칠리아까지 다녀옵니다. 그리고 조사를 위해 아프리카까지 힘든 여행을 마다하지 않습니다. 이 여행을 통해 그가 세상에 내놓은 저작이 바로 『역사』입니다.

이 책의 주요 내용은 페르시아 전쟁에 대한 역사적 서술입니다. 제1권에서 그는 그리스와 페르시아가 어떤 원인에서 전쟁을 하게 되었는지를 세상 사람들이 알지 못할 것을 우려하여 이를 연구·조사하게 되었다고 밝힙니다. 이런 배경 속에서 그는 여행길에서 직접 본 것과 현장에서 만난 사람들의 이야기를 수집하여 아홉 권으로 구성된 『역사』를 완성합니다.

『사기』라는 역사책을 서술한 사마천도 젊은 시절 3년여 동안 중국의 드넓은 땅을 '천하주유(天下周遊)'라는 명목으로 샅샅이 뒤지고 다녔습니다. 그는 비단길(Silk Road)의 시작인 장안(長安)에서부터 낙양(洛陽)으로 가서, 양자강(揚子江) 유역을 돌며 중국의 역사가 살아 숨 쉬는 현장을 누빕니다. 훗날 그는 19년의 집필 기간을 거쳐 아직 종이가 발명되지 않았던 시대임에도 불구하고 나무에 한문 52만 6,500자를 적어 130권이라는 엄청난 분량의 『사기』를 완성하게 됩니다. 이 책은 중국 다섯 왕[五帝]부터 사마천이 왕으로 모시던 한나라의 무제(武帝)에 이르기까지 역대 왕들에 대한 역사를 포함하여 이름 없는 자객, 점술가, 건달까지 다양한 인간 군상과 음악, 법률, 천문 등 모든 부분의 중국 문명을 총망라하며 방대한 역사를 담고 있습니다.

역사가라고 하면 어두컴컴한 방에 옛 문헌을 펼쳐 놓고 그 글의 의미를 해석하는 책상물림을 상상하기 쉽습니다. 그런데 헤로도토스와 사마천은 사료를 하나하나 정리하고 분석하기 전에 먼저 이런 머나먼 여행을 감행하였던 것입니다.

신채호의 답사 그리고 사료 찾기

우리나라의 역사가 중에도 망명과 독립운동의 힘겨운 과정 속에서 이런 여행을 스스로 실천하며 역사의 진실을 위해 찾아다닌 사람이 있습니다. 바로 단재 신채호(丹齋 申采浩, 1880~1936)입니다. 그는 1910년 일제에 의해 국권이 피탈되자 안창호와 함께 중국으로 망명해 갑니다. 중국에서 독립운동을 하다가 러시아 땅인 연해주까지 가서 「권업신문(勸業新聞)」을 발행하고 주필로 활동합니다. 그러다 「권업신문」이 폐간되자 다시 만주로 온 그는 고구려, 발해와 관련된 유물과 유적을 찾아 답사를 떠납니다.

그의 대표적인 업적으로는 광개토대왕비를 직접 조사하고 연구하면서 기존 연구에서 가려진 고구려의 역사를 실질적으로 증명한 것을 들 수 있습니다. 당시 그는 만주의 집안 지역 일대를 답사하면서 "김부식의 『삼국사기』를 만 번 읽는 것보다 고구려 유적을 한 번 보는 것이 낫다.”라는 유명한 말을 남깁니다. 김부식은 주로 신라 중심으로 역사를 기술하였기 때문에 『삼국사기』 속에서 고구려의 역사를 의도적으로 축소했다는 의혹이 있습니다. 그리고 김부식은 사대주의적 관점을 갖고 역사를 바라봤기 때문에 고구려의 역사를 강조할 수 없었는데, 신채호가 고구려 유적을 통해 역사적 진실을 규명함으로써 김부식의 역사 인식이 잘못되었음을 지적한 것입니다. 만주의 고구려 유적을 답사하면서 신채호는 훗날 「독사신론(讀史新論)」에서 ‘기자조선-마한-신라’ 로 이어지는 기존의 정통론을 부정하며 ‘부여-고구려-발해’ 를 정통으로 보는 역사를 주장했습니다.

그런데 이처럼 여행을 통해 확인한 것만으로 역사를 쓸 수 있을까요? 역사의 현장에 가기만 하면 과거의 증거들을 확실하게 모을 수 있을까요? 우리는 앞에서 사료의 활용과 관련하여 이런 문제를 논의해 보았습니다. 그렇다면 여행과 사료는 어떤 관계를 가지는 것일까요?

여행을 떠나서 현지를 답사해 보면 많은 역사적 자료들을 모을 수 있습니다. 그렇지만 그것만으로 역사를 구성하기에는 부족한 측면이 더 많습니다. 요즘이야 고고학이나 과학 등의 발전으로 유물, 유적을 발굴하고 그것이 만들어진 시기를 측정할 수 있지만 그것은 어디까지나 오늘날의 이야기입니다.

헤로도토스처럼 기원전에 활동한 역사가에게 현지 답사라는 것은 역사의 현장에 살고 있는 이들에게 그들이 겪은 페르시아 전쟁 이야기를 듣고 수집하는 정도입니다. 그런데 역사가의 입장에서 그 이야기들이 사실인지 아닌지 판별하기는 매우 어려울 것입니다. 따라서 근대의 역사학이 하나의 독립된 학문으로 지위를 얻는 데는 무엇보다 문헌과 같은 사료 탐구가 중요한 역할을 했습니다. 여행보다는 사료가 중시되기 시작한 것입니다.

그리하여 대부분의 역사가들은 사료를 바탕으로 역사를 서술합니다. 그런데 같은 사료를 이용하더라도 접근하는 방법은 다양합니다. 이제부터 자세히 살펴보겠지만 문서보관소에 쌓인 수많은 문서를 검토하여 과거를 복원하는 경우도 있고 시대의 흐름을 고려하여 역사를 평가하는 역사가들도 등장하게 됩니다. 다음에서는 역사의 객

관성을 보장하는 사료를 어떻게 활용할 것인가를 놓고 역사가들이
선택한 세 가지 방식을 알아보겠습니다.

이미 고대부터 역사가들은 과거의 흔적을 찾기 위해 여행을 떠났습니다. 헤로도토스와 사마천이 그러하였
고 우리의 역사가 신채호도 그 뒤를 이었습니다. 그렇지만 오늘날 우리는 여행보다는 먼지가 쌓여 있는
오래된 문서를 통해 역사를 알게 됩니다. 여러분들도 자신이 경험한 여행에서 역사적인 자료를 접하거나
유적지에서 배운 역사는 없었는지 떠올려 봅시다. 또 문서로 남겨진 사료에서 어떤 것이 역사적 진실인지
알 수 있는 방법에 대해서도 생각해 봅시다.

사실로 하여금 말하게 하라

2007년에 방영됐던 TV사극 〈연개소문〉에 고구려군이 당 태종의 군대를 무찌른 안시성 전투(安市城戰鬪)에 관련된 장면이 나왔습니다. 그런데 극중에서 고구려군을 이끈 장수를 우리가 알고 있듯이 양만춘(梁萬春)이 아니라 연개소문(淵蓋蘇文)인 것으로 묘사하여 논란이 된 적이 있습니다. 하지만 우리는 안시성 전투 하면 성주 양만춘이 화살로 당 태종의 눈을 맞혔다는 이야기가 떠오릅니다. 과연 어느 것이 사실일까요?

역사 속 진실 찾기

오늘날처럼 인터넷이 발달한 세상에서는 바로 검색을 해 보면 어렵지 않게 사실을 확인할 수 있습니다. 역사적 호기심이 조금 더 강한 학생이라면 당시의 사실을 알려 주는 기록을 찾아보기 위해 도서

관으로 갈 수도 있을 것입니다. 고구려의 역사를 가장 먼저 확인할 수 있는 책은 신라·고구려·백제의 역사를 서술한 김부식의 『삼국사기』입니다.

『삼국사기』 제21권 고구려본기 제9 보장왕(寶臧王, ?~682) 편을 보면 당 태종이 직접 당나라의 군대를 거느리고 고구려의 백암성을 점령한 후 안시성으로 공격해 왔다는 사실이 서술되어 있습니다. 그런데 아무리 찾아봐도 안시성 성주 이름이 양만춘이라거나 당 태종이 화살에 맞았다거나 하는 내용은 기록돼 있지 않습니다. 혹시나 하는 마음에 일연의 『삼국유사』까지 찾아봐도 양만춘의 이름은 없습니다. 어떻게 된 것일까요?

양만춘이 안시성의 성주였다는 기록을 찾으려면 조선 시대까지의 각종 문헌을 더 뒤져 보아야 할 듯합니다. 이제 여러분은 옛 기록을 찾기 위해 문서보관소로 가야 합니다. 양만춘에 관련된 기록을 전하는 문헌으로는 송준길(宋浚吉, 1606~1672)이라는 양반이 쓴 『동춘당선생별집(同春堂先生別集)』이 있습니다. 이 기록보다 1세기 후에, 조선 후기 실학자 박지원의 『열하일기』에도 양만춘이라는 이름이 나옵니다. 박지원의 『열하일기』도 『삼국사기』나 『삼국유사』처럼 모두 한글로 번역이 되어 있기 때문에 여러분이 직접 양만춘이 등장하는 대목을 찾아볼 수 있습니다.

박지원의 『열하일기』 중 그가 압록강을 건너며 중국 땅으로 가는 길에서 쓴 기록인 「도강록(渡江錄)」을 보면 이런 대목이 나옵니다.

"세상에 전하는 말로는 안시성주 양만춘이 당나라 황제(태종)의 눈

☀ 보장왕
(寶臧王, ?~682)
고구려의 제28대 마지막 왕이다. 나·당연합군의 침공으로 고구려가 멸망하자 당나라로 압송되었다. 고구려 부흥을 도모하다 실패하여 중국의 쓰촨성에 유배되었다.

을 쏘아 맞혔으나, 당나라 황제는 양만춘이 성을 굳게 지키는 데 탄복하여 군사를 성 아래 머물게 하고 비단 백 필을 성주에게 보냈다고 한다.”

이 외에도 박지원은 같은 글에서 김부식이 사대주의적 시각으로 역사를 서술하였기 때문에, 중국이 의도적으로 양만춘에 대한 사실을 남기지 않은 역사서를 그대로 받아들여서 『삼국사기』를 저술했다고 애석해하고 있습니다.

여러분 중에 만약 위에 언급한 것처럼 『열하일기』까지 찾아 양만춘에 관한 기록을 확인해 본 학생이 있다면 정말 칭찬을 아끼지 않고 싶습니다. 사료를 직접 확인해 보고 역사적 사실을 따져 보는 일은 역사가의 기본이라고도 할 수 있습니다. 이처럼 여행이 아니라 온갖 책과 기록으로 가득 찬 문서보관소나 도서관에 있는 사료를 확인하는 작업을 거치면서 꼼꼼하게 객관적인 역사를 서술하려고 노력한 사람이 있습니다. 역사를 신학이나 철학, 문학 등의 학문에 종속된 것이 아니라 독립된 학문으로 인정받게 한 사람, 바로 독일의 역사학자이자 ‘근대 역사학의 아버지’ 라고 불리는 랑케(Leopold von Ranke, 1795~1886)입니다.

전문적인 지식 쌓기

랑케는 ‘역사는 과거의 객관적인 사실을 밝히는 것’ 이라는 개념을 확립한 사람입니다. 그는 독일의 베를린 대학에서 역사를 가르치며 역사가로서의 명성을 쌓았습니다. 역사가로서의 그의 이름 앞에 헤로도토스나 사마천과 달리 '근대'라는 단어가 추가된 것은 무엇보다 역사를 연구하는 데 좀 더 전문적인 방법을 도입했기 때문입니다.

그 방법이란 여행길에서 만난 사람들에게서 소문과도 같은 이야기를 여기저기서 듣고 수집하여 역사라고 묶는 방식과는 완전히 다른 것이었습니다. 먼저 전문적으로 고전과 언어를 공부하여 옛날 문서를 읽을 수 있는 기본적인 지식을 쌓습니다. 그 다음에는 문서보관소로 달려가 사료를 꼼꼼히 살펴 당시의 역사를 연구한 것입니다. 또한 그는 특정한 문서가 과연 사료로서 가치가 있는지 없는지 가려내기 위해 마치 실험실의 과학자처럼 몇 번이고 검증하는 비판적인 방법을 도입했습니다. 이렇게 과학과 비슷한 연구 방법론을 역사학에 도입함으로써 역사학은 과학과 같은 위상을 가지게 되었습니다.

역사학과 관련하여 전문적인 지식을 가지고 사료를 검증한다는 말은 쉽게 와 닿지 않습니다. 좀 더 쉽게 설명하자면 김부식의 『삼국사기』를 원문 그대로 읽기 위해서는 전문적으로 한문을 익혀야 한다는 것입니다. 그러나 이것만으로는 아직 부족합니다. 당시의 한자를 쓰던 관행도 알아야 합니다. 연개소문의 이름이 대표적인 경우입니다. 연개소문의 성이 무엇이냐고 물어보면 많은 학생들이 '연개'라고 대답합니다. 이름이 네 자인 경우 '을지문덕'의 '을지'처럼 앞 두 글자가 성이라고 생각하기 쉽기 때문입니다. 『삼국사기』에는 연개소문을 「열전」편에서 소개하고 있는데, "개소문 혹은 개금이라고 한다. 성이 천씨(泉氏)인데, 스스로 물속에서 태어났다고 하여 사람들을 현혹하였다.”라고 시작합니다. 그렇다면 연개소문이 아니라 천개소문이라고 불러야 맞지 않을까요? 아닙니다. 연씨(淵氏)가 맞습니다. 김부식이 『삼국사기』를 쓸 때, 중국을 큰 나라로 섬기면서 중국 왕의 이름에 있는 한자를 다른 사람의 이름에 쓰지 못하는 관행을 따랐던 것입니다. 따라서 연개소문의 경우 ‘연(淵)’이 맞지만 당시 당나라를 세운 이연(李淵, 당 고조)의 이름을 피하기 위해 천씨(泉氏)로 바꾼 것입니다.

이렇게 역사가가 되기 위해서는 언어뿐만 아니라 해당 사회의 문화에 대한 전문적인 지식도 필요합니다. 여러분들이 프랑스나 영국,

이탈리아 등의 역사를 알기 위해서는 기본적으로 이들 언어를 알아야 하겠지요. 더구나 이들 나라의 고대나 중세의 역사를 연구하고 싶다면 당시에 사용한 언어와 쓰임에 대해서 더욱 전문적인 지식을 갖춰야 할 것입니다.

오직 사료에 의해 밝혀지다

또한 역사를 올바르게 보기 위해서는 사료에 대한 비판적 검토가 필요합니다. 이순신의 『난중일기』를 한번 봅시다. 『난중일기』를 보면 이순신의 뛰어난 업적과 함께 그의 인간적인 면모나 생활 모습도 알 수 있습니다. 이 책에는 이순신이 매일의 날씨를 짤막하게 기록한 것에서부터 병으로 고생한 날, 개인적인 술자리를 가진 날, 활쏘기를 하거나 바둑을 두던 날 등에 관한 기록과 어머니와 자식을 사랑하고 아끼는 마음의 기록까지 가감 없이 담겨 있습니다. 또한 그는 이 책을 통해 다른 사람에 대한 원망과 같은 개인적인 감정까지 모두 드러내고 있습니다. 특히 원균(元均, 1540~1597)에 대한 부분이 눈에 띕니다.

원균은 이순신의 라이벌로서 이순신이 파직당하고 감옥에 갇히자 그 후임으로 수군통제사(水軍統制使)가 된 인물입니다. 그러나 곧이은 일본과의 전투에서 패하고 일본군에게 죽임을 당합니다. 이순신에 관한 위인전이나 만화 등에서 원균은 매우 무능력하면서도 이순신의 공을 질투하고 권력욕에 불탄 인물로 그려지는 경우가 많습니다.

실제 『난중일기』에서도 이순신은 원균에 대해 "그 음흉함을 이를 길이 없다.", "적을 쳐부술 공문을 작성하여 보냈더니 원균이 술에 취하여 정신이 없더라고 했다." 등의 기록을 남깁니다. 이런 부분을 확인한 역사가는 원균에 대해 부정적인 시각을 가질 것입니다. 『난중일기』가 하나의 사료로서 매우 큰 가치를 가지고 있으니까요.

그렇지만 랑케와 같은 역사가라면 『난중일기』에서 이순신이 원균에 대해 적은 부분을 본 후, 원균에 대한 다른 사료도 반드시 찾아볼 것입니다. 그래야 이순신과 원균에 대해 좀 더 객관적인 역사적 사실을 말할 수 있을 테니까요. 또 랑케라면 이순신과 원균 중 누가 더 역사적으로 의미가 있고 어떻게 평가를 해야 하는가에 대해서는 결코 말하지 않을 것입니다. 역사가라면 사료를 철저하게 분석하고 나서 그에 대한 역사적 평가나 해석을 내려야 할 것 같은데 말입니다. 그러나 랑케는 사료에 대한 철저하고 전문적인 분석을 마쳤더라도 반드시 '주관'이 개입될 수밖에 없기 때문에 어떠한 역사적 평가도 거부합니다. 그에게 역사가의 주관이란 용납할 수 없는 것입니다. 이를테면 이순신과 원균이 사료에서 어떻게 나타나고 있는지 밝히는 것까지가 역사가의 임무라고 생각한 것입니다. 즉, 랑케에게 역사란 '객관적인 사실을 있는 그대로 보여 주는 것' 이상도 이하도 아니었습니다. 역사가의 입이 아니라 오직 사료에 의해 밝혀진 '사실'로써 역사적 진실을 말하게 하라! 이것이 바로 객관을 강조한 랑케의 입장입니다.

지금까지 우리는 역사가들이 여행지가 아니라 문서보관소로 달려

간다는 것을 알았습니다. 그리고 그 속에서 많은 진실을 알려 주는 사료를 전문적 지식과 비판적 방법으로 검토하여 '객관적인 사실'을 밝혀내는 것이 바로 역사가의 역할이라는 것도 알게 되었습니다. 역사가에게 사료란 '객관적인 사실'을 위한 필요조건이라는 겁니다. 이것이 역사가가 사료를 대하는 첫 번째 방식입니다. 여러분도 아마 랑케라는 독일의 역사학자가 선택한 방식에 수긍하고 고개를 끄덕일 것입니다. 그런데 이 객관적인 사실에 대해 의문을 제기하는 역사가가 나타나 다른 방식으로 사료에 접근합니다. 과연 어떤 방식일까요?

안시성 전투의 영웅인 양만춘과 연개소문, 임진왜란에서 수군을 지휘한 이순신과 원균에 대한 객관적인 사실을 알기 위해서는 과거의 기록을 철저하게 그리고 객관적으로 검토해 보아야 합니다. 이를 위해서는 언어적인 지식과 함께 다양한 사료를 비교, 검토할 수 있는 능력이 필요합니다. 그래야만 과거의 진짜 사실을 정확하게 알 수 있기 때문입니다. 랑케로 대변되는 근대의 역사학은 바로 이렇게 객관적인 사실을 알아내고 이것을 세상에 보여 줌으로써 역사를 이해하게 하는 학문인 것입니다. 여러분이 가지고 있는 역사 교과서나 역사책에서 오로지 사실만을 모아서 다시 한 번 보기 바랍니다. 과연 객관적인 사실만이 역사의 진실을 보여 주고 있는 걸까요?

역사가의 해석으로
새로워지다

2003년 10월 2일 대구야구장에서 이승엽 선수는 56호 홈런을 터트립니다. 이 홈런은 '한 시즌 아시아 최다 홈런'이라는 의미를 지닙니다. 만약 여러분 중에 누가 이 공을 줍게 되었다면 엄청난 가치의 야구공을 가진 셈입니다. 같은 야구공이더라도 아시아 최다 홈런의 증거이니까요.

역사에서도 마찬가지입니다. 앞에서 사료가 역사의 무척 중요한 증거라고 했습니다. 그런데 사료를 발견하는 역사가의 눈이 더 중요할 때도 있습니다. 역사가의 눈에 띄어 세상에 알려지기까지 사료는 그저 수많은 자료 중에 하나일 뿐입니다. 랑케와 같이 역사가가 자신의 주관을 빼고 오로지 있는 그대로의 역사를 보여 주기 위해 사료를 나열해 놓는다 하더라도 어쩌면 그것은 무의미할 수 있습니다. 사료가 가진 역사적 의미에 역사가가 해석과 평가를 정리해 내놓지 않으면 그저 평범한 종이에 불과한 것입니다.

앞서 타임머신이 없다는 것을 저는 매우 안타까워했습니다. 그렇지만 진짜 타임머신이 만들어진다고 해서 그것이 역사에 100% 활용될 수 있다고 보기는 어렵습니다. 타임머신에 의해 밝혀진 과거의 수많은 사실 중에서 역사가는 이승엽의 56호 홈런볼처럼 오늘날 정말 의미가 있는 것으로 보이는 것들만 선택할 것이기 때문입니다. 여기서 랑케가 주장했던 '사료에 바탕을 둔 객관적인 역사'는 역사가의 '주관적 선택'에 의해 좌우되게 됩니다. 이제 역사를 대하는 살아 있는 역사가의 눈이 더욱 중요하게 됩니다.

다시 보는 관미성 전투

광개토대왕에 대한 사극 〈태왕사신기〉는 엄청난 볼거리와 재미로 많은 이들의 시선을 사로잡았습니다. 심지어 온라인 게임에서도 유행했고 아이들 장난감에도 광개토대왕이라는 이름이 들어갔습니다. 〈태왕사신기〉에서 특히 고구려와 백제의 관미성 전투(關彌城戰鬪)가 주목을 받았습니다. 관미성은 원래 백제의 성이고 전략적 요충지였는데, 광개토대왕이 갖은 고난을 겪으며 이를 결국 차지한다는 이야기입니다. 그런데 이 사극에서 관미성을 차지하기 위한 전투는 주로 육지에서 일어납니다. 만주와 한반도를 호령한 왕인 광개토대왕 하면 산이나 평원에서 그의 용맹과 지략이 이름을 떨쳤으리라고 일반적으로 생각할 것입니다. 그런데 이 관미성 전투가 사실은 백제와 고구려의 수군이 벌인 전투이며 중국으로 통할 수 있는 바다의 전략적 요충지를 두고 벌어진 전투라는 관점으로 바라보는 역사가도 있습니다. 만약 이러한 관점으로 당시의 역사를 보게 되면 이제 광개토대왕과 고구려는 육군이 아니라 해군을 앞세우고 4세기 말에서 5세기까지 동북아시아를 호령한 해양 국가를 대표하게 됩니다. 고구려에 관한 새로운 모습을 발견할 수 있습니다. 그렇다면 그 사실을 어떻게 알 수 있을까요?

앞서 나왔던 김부식의 『삼국사기』에서 광개토대왕에 대한 사료를 찾아봅시다. 고구려 본기 광개토대왕 편에는 관미성 전투에 대해 "겨울 10월에 백제의 관미성(關彌城)을 쳐서 함락시켰다. 그 성은 사면이 깎아지른 절벽이고 바닷물이 둘러 있었기에, 왕이 군사를 일곱 갈래로 나누어 20일 동안 공격해서야 함락시켰다."라고 짧막하게 나와 있습니다. 여기서 '일곱 갈래'라는 말에 '바다를 이용하여'라는 말을 추가해 봅시다. 그리고 앞에 나오는 '바닷물이 둘러 있어'라는 말과 연결해 보면 글의 전체 맥락이 좀 더 자연스럽게 이해되지 않습니까?

사실 『삼국사기』의 이 기록만 놓고는 관미성 전투가 실제로 어떻게 전개되었는지 잘 알 수 없습니다. 그렇게 보면 한반도에서 백제가 가지고 있던 주도권을 무너뜨리고 고구려 중심의 세력 판도로 바꾼 전투라고 할 수 있는 관미성 전투의 의미가 너무 축소되어 있는 것 같습니다. 만약 관미성 전투를 가지고 광개토대왕과 고구려의 역사에 대한 새로운 해석을 내리고 싶다면 같은 사건을 다룬 다른 사료를 찾아보아야 할 것 같습니다. 만주에는 6미터 높이의 광개토대왕비가 있습니다. 이 비석에는 광개토대왕에 관한 기록이 상세히 되어 있는데, "6년(396년) 병신(丙申)년에 왕이 몸소 수군(水軍)을 이끌고 백잔국(百殘國, 백제)을 토벌하였다."는 기록과 함께 각미성(各彌城)을 얻었다는 기록이 있습니다. 이렇게 광개토대왕 비문에는 '수군'이라는 표현이 정확하게 등장합니다.

　오늘날 역사가가 고구려를 강대한 해양 국가라는 새로운 역사적 관점에서 보고 싶다면, 이와 같이 그에 합당한 사료를 찾아보게 됩니다. 그리고 이 사료를 고증하고 해석하면 이렇게 또 다른 역사적 시각의 정당성을 확인받을 수 있게 됩니다.

　역사가들은 관미성이 오늘날 서해와 가까운 경기도 파주시나 강화도에 위치한 것으로 보기도 합니다. 수군이라는 다른 관점에서 사료를 해석하게 되면 삼국 간의 영토 쟁탈 과정을 해양사 중심으로 볼 수도 있습니다. 사실 고구려와 중국 수·당나라 간의 전쟁에서도 수군의 대립이 나타납니다. 고구려는 끊임없이 침범하는 중국의 수군을 먼저 막아내고 육군까지 무찌르며 국가를 유지해 갔습니다. 을지문덕의 살수대첩이 대표적인 예입니다.

　만약 랑케와 같이 오로지 사료에 나온 사실만 가지고 역사를 파악한다면 고구려가 강력한 수군을 갖춘 해양 국가라는 것이 잘 드러나지 않습니다. "왜 고구려를 육군만 가지고 동북아시아를 장악한 국가로 보아야 하는가?"와 같은 의문을 가지고 새로운 역사적 관점에서 고구려를 바라보면 해양 국가로서의 새로운 모습이 보입니다. 이렇게 사료는 역사가에 의해 새롭게 선택되고 해석되어 또 다른 역사적 의미를 가지게 됩니다. 만약 사극 〈태왕사신기〉에서 이런 관점을 받아들여 관미성 전투를 고구려와 백제의 치열한 수군전으로 묘사하였다면 시청자들에게 색다른 사극의 재미를 줄 수 있지 않았을까요?

역사가의 주관적 해석

사료보다 역사가의 판단과 해석이 역사를 바라보는 우리의 시각에 영향을 미친다는 것은 발해의 역사를 통해서도 확인할 수 있습니다. 우리는 발해가 중국의 동북공정에서 주장하는 것처럼 당나라의 일개 제후국(諸侯國)이거나 지방 정권이 아니라 고구려를 계승하여 우리 민족의 문화를 발전시킨 국가라는 것을 알고 있습니다. 그런데 이런 역사적 인식은 사실 18세기 이후부터 심어진 것입니다.

발해가 멸망한 후 800년이 지나는 동안 고려와 조선의 역사책에서 발해를 우리의 역사로 인식하고 받아들인 사례는 거의 발견되지 않습니다. 18세기에 들어서야 비로소 우리의 북방영토에 관심이 많았던 실학자 유득공(柳得恭, 1749~1807)에 의해 그동안 잊혀졌던 발해가 우리의 역사로 되살아나게 됩니다. 유득공은 『발해고(渤海考)』에서 통일 신라 시대에 고구려를 계승한 발해가 엄연히 존재하였고 대조영 등의 발해 지배층이 고구려 유민이므로 당연히 발해는 우리 역사라는 해석을 내렸습니다. 따라서 그는 객관적인 사실보다는 주관적인 해석과 평가를 통해 통일 신라와 발해를 포함하는 '남북국 시대' 라는 표현을 처음으로 사용했습니다. 그리하여 오늘날 우리는 매우 자연스럽게 국사 교과서에서 '남북국 시대'를 학습하고 있습니다.

이처럼 객관적 사료만 가지고는 역사를 바라보는 완전한 시각을 얻기 어렵습니다. 우리의 역사적 인식은 역사가에 의해 한 시대에 대한 이해와 흐름이 일관성을 가지고 연결됨으로써 확장되는 것입니다. 우리는 그런 과정을 통해 과거의 진실까지 알게 됩니다.

이제 여러분은 객관적인 사실을 보여 주는 사료를 통해 역사를 파악하는 것에서 한 걸음 더 나아가 사료를 어떻게 선택하느냐에 따라 역사가 다르게 보인다는 것을 알게 되었습니다. 랑케가 근대 역사학의 아버지로서 역사학을 하나의 독립적인 학문으로 인정받게 했지

만 사료를 검증하는 것만으로는 역사가 완성되지 않는다는 것입니다. 역사가의 '주관적 해석'도 분명 필요하다는 것이죠. 영국의 역사학자 E. H. 카는 이것을 간명하게 '과거와 현재의 대화'라고 표현하였습니다. 그가 오로지 역사가의 주관적 해석만 옳은 것이라고 손을 들어 준 것은 아닙니다. 만약 주관만이 횡행한다면 과거에 대한 자신의 생각을 밑도 끝도 없이 말하는 것이 다 역사가 될 것입니다. 거꾸로 사료만으로는 역사를 이해할 수 없는 것도 분명합니다. 따라서 역사가는 자신이 생각하는 역사적 관점과 해석에 합당하는 객관적인 증거로서 사료의 일부만을 중요하게 채택합니다. 바로 '과거와 현재의 대화'인 것이죠.

일연의 『삼국유사』를 봅시다. 이 책의 제목을 보면 당연히 고구려·백제·신라의 역사적에 대한 기록이라고 생각하게 됩니다. 그런데 이 책은 고조선의 역사부터 담고 있습니다. 정확하게 말하자면 우리 민족의 최초 역사인, 환웅과 웅녀의 혼인으로 단군이 태어나게 된 부분부터 다루고 있는 것입니다. 그 이전에 만들어진 『삼국사기』에는 전혀 나오지 않는 고조선의 기록입니다. 그리고 다음으로 고구려 주몽의 탄생을 기록하였습니다. 그것 역시 『삼국사기』와는 전혀 딴판입니다. 김부식은 신라의 시조 박혁거세부터 서술하였습니다. 이렇게 일연은 『삼국유사』라는 제목의 책에 고조선의 역사를 기록함으로써 우리 민족이 스스로의 역사에 자부심을 가지도록 의도하고 있습니다. 단군과 주몽의 탄생에 신화적인 요소가 있기는 했지만 일연에게는 그것이 아무런 문제가 되지 않았습니다.

일연은 고려가 몽골에 의해 국난을 겪은 후 국가적인 어려움을 겪고 있던 시기에 『삼국유사』를 집필했습니다. 그는 우리 민족이 몽골의 간섭을 벗어날 수 있다는 것과 우리 역사가 중국과 대등하다는 역사관을 널리 알리고자 했습니다. 그리하여 그는 자신의 '주관'에 따라 『삼국유사』의 맨 처음에 신화가 아니라 하나의 사료로서 단군의 기록을 담은 것입니다. 즉, 민족 자주성과 문화적 자신감을 역사에 드러낸 것입니다. 이렇게 일연이라는 역사가는 당대 고려의 현실에서 느낀 자신의 주관에 옛 기록이라는 사료의 의미를 더해 하나의 역사서를 세상에 내놓았습니다.

중·고등학교 역사 교과서에도 모든 한국사가 빼곡하게 적혀 있는 것은 아닙니다. 우리의 수천년 역사 속에서 현재의 중·고등학생들이 정말 알아야 한다고 생각되는 사실과 사건을 교과서 편찬자들이 취사선택하여 구성한 것입니다.

이제 우리는 사료를 대하는 두 번째 방식을 알게 되었습니다. 객관적인 사실을 담은 사료 중에서 현재의 역사가가 정말로 의미 있고 중요하다고 여기는 사료를 취사선택하여 자신의 주관적 해석과 합하여 세상에 내놓은 것이 바로 역사입니다. 역사를 사료와 역사가의 만남, 혹은 '과거와 현재의 대화'라고 할 수 있는 것은 이 때문입니다.

역사는 객관적인 사실뿐만 아니라 역사가의 해석과 평가 등의 주관적 요소도 함께 포함하고 있습니다. 이 주관적인 부분을 통해 과거의 사실이 의미 있는 역사로 되살아나는 것입니다. 그리고 물론 이 주관적 해석은 객관적 기록을 바탕으로 해야 합니다. 고구려를 해양 국가로 본다거나 발해의 역사를 우리 민족의 역사에 포함하여 인식하는 것은 모두 역사가의 주관적 판단이 더해졌기에 가능한 것입니다. 우리 역사 교과서에 나타나는 삼국 통일의 의의나 조선의 붕당 정치에 대한 평가 부분은 모두 주관적인 해석을 깔고 있습니다. 역사 속에서 이런 역사가의 평가가 반영된 부분이 어떤 것인지 찾아보고, 자신만의 생각을 정리해 봅시다.

진짜 같은 소설, 가짜 같은 역사

우리는 "역사란 역사가가 과거에 일어난 중요한 사건이나 사실을 서술한 것"이라는 정의를 가지고 출발하였습니다. 그리고 역사가 객관적으로 성립할 수 있는 증거인 사료에 대해 알아보았습니다. 다음으로 역사가들이 이 사료를 어떻게 활용하였는지를 크게 두 가지로 살펴보았습니다. 하나는 사료로 증명되는 객관적인 사실을 있는 그대로 보여 주는 것입니다. 그것을 읽은 뒤 역사에 대한 이해와 판단은 독자의 몫으로 남겨 둔다고 볼 수 있습니다. 다른 하나는 수많은 사료 중에서 역사가가 현재 자신의 역사적 관점에 맞는 것을 골라서 다루는 것입니다.

이제 역사를 대하는 객관과 주관이 만났으므로 역사의 필요조건과 충분조건 모두가 채워진 듯합니다. 그런데 여기서 한 걸음 더 나아가는 역사가들이 등장합니다.

소설을 통한 과거와 현재의 대화

바로 허구, 즉 '있음직한' 이야기를 역사에 도입하는 것입니다. 흔히 이것을 '역사적 상상력'이라고 부릅니다. 앞에서 역사와 소설은 분명히 다르다고 하였습니다. 역사는 역사가의 주관이 개입하기는 하지만 엄연히 객관적인 사건과 사실을 담은 사료가 있습니다. 그런데 소설은 픽션, 즉 상상의 세계입니다. 그렇다면 어떻게 역사가 소설의 방식을 빌려 올 수 있는 것일까요? 지금까지 살펴봤듯이 사료만으로는 과거 사실을 완벽하게 복원할 수 없을 뿐더러 그 내용이 왜곡된 측면도 없지 않습니다. 그래서 인과 관계나 앞뒤 사건을 살펴보면서 '아마 당시에 이런 일이 있지 않았을까'라는 개연성을 찾거나 혹은 추측을 더하는 것입니다. 이것이 소설 속에서 작가의 상

상력과 역사가 만나는 지점입니다.

중요한 것은 오늘날 많은 사람들이 교과서나 정통 역사서, 학술 연구서 등 역사책을 읽을 때 너무 딱딱하고 어렵다는 이유로 부담을 느낀다는 것입니다. 중·고등학생들을 보더라도 역사 과목은 수많은 사건의 나열로 이뤄졌고 시험에서 100점을 맞기 위해서 그것을 다 암기해야 한다는 생각을 하지 않습니까? 그래서 어느덧 역사 과목은 지루하게 다가옵니다.

그런데 대부분의 사람들은 정통한 역사책보다는 소설이나 사극 등을 통해 대해 역사에 대한 지식, 교훈, 즐거움 등을 얻는 것을 좋아합니다. 연산군(燕山君, 1476~1506)의 이야기를 담은 〈왕의 남자〉, 한국전쟁을 소재로 한 〈태극기 휘날리며〉, 광개토대왕의 일대기를 그린 〈태왕사신기〉 등은 수백만 명의 사람들에게 엄청난 인기를 끌었습니다. 각 이야기의 중심이 되는 사건은 역사적 사실을 바탕으로 합니다. 역사적 사실을 가지고 추론한다는 관점에서 역사와 소설이 과연 크게 차이가 날까요? E. H. 카는 역사를 과거와 현재의 대화, 즉 사실과 역사가의 만남이라고 하였습니다. 역사와 관련된 소설이나 연극 대본, 영화 시나리오를 쓰는 작가의 입장에서도 얼마든지 '과거와 현재의 대화'는 가능한 것입니다.

관심을 불러일으키는 역사의 가공물

2001년 제32회 동인문학상을 수상한 김훈의 『칼의 노래』라는 소설을 봅시다. 그의 소설은 이순신 장군이 백의종군한 무렵부터 노량해전(露梁海戰)에서 전사할 때까지의 역사적 사실을 소재로 하였습니다. 어찌 보면 교과서에 적힌 몇 줄 안 되는 이순신에 대한 설명보다 이 소설이 당시의 역사를 더욱 생생하게 보여 줍니다. 이 책을 읽으면서 독자들은 이순신의 존재를 오늘날에 되살리고, 인간 이순신의 고뇌, 당시 조선과 일본의 역사적 관계, 임진왜란 당시의 조선 정부와 일본의 입장 등을 음미해 볼 수 있습니다. 더 나아가 이순신이라는 개인이 던져 주는 질문, 즉 국가와 시대의 위기 앞에서 개인이 해야 할 행동에 대한 교훈적이고 철학적인 질문까지도 생각할 수 있습니다. 이쯤 되면 『칼의 노래』는 역사가들이 쓴 이순신에 관한 전문적이고 학술적인 연구서보다 오히려 더 큰 의미를 가진다고 할 수도 있습니다.

영화 〈왕의 남자〉에서는 광대와 연산군의 이야기를 통해 폭군 연산군의 심리까지도 감정이입하며 생각해 볼 수 있는 기회를 제공합니다. 이런 재미난 소재를 다룬 영화를 통해 수업 시간에 배우는 연산군 시대 양반들의 수난, 즉 무오사화(戊午士禍)를 비롯한 각종 사건이 발생한 과정을 설명하는 데 도움을 받을 수도 있게 됩니다.

실제로 중·고등학교의 역사 선생님들이 사극 중의 일부를 수업 시간에 도입하거나 그 내용을 화제로 수업을 이끌어 간다는 이야기를 종종 듣습니다. 역사적 상상력이 개입된 이러한 소설이나 영화를 팩션[역사적 사실 (fact)와 허구(fiction)의 조합어]이라는 신조어로 부르기도 합니다. 이제 청소년이든 어른이든 대중들에게는 어려운 역사책보다 다양한 형태의 소설, 연극, 영화와 같은 역사의 가공물이 과거에 대한 호기심과 관심을 더욱 충족시키는 존재가 되었습니다.

물론 사극에서 나타나는 역사적 내용에 문제가 없는 것은 아닙니다. 오히려 심각하게 역사적 인식을 왜곡할 수도 있습니다. 과도한 전투 장면이나 남성 중심의 역사만을 담아서 영웅주의나 국수주의적인 사고를 가지게 할 수도 있습니다. 그렇지만 역사 이야기가 가지고 있는 힘이 대중에게 매우 강하게 영향을 끼친다는 점을 무시할 수는 없습니다. 어렸을 적에 많은 학생들이 역사에 호기심과 흥미를 느끼는 것은 이야기로 쉽게 풀어낸 역사책이 재미있기 때문입니다. 그런데 성인이 되어 접하는 역사책은 대개 단순한 사건의 나열이나 딱딱한 문장으로 채워져 있기 때문에 재미를 느끼기 힘듭니다. 마찬가지로 중·고등학교 교과서에 등장하는 역사는 지루한 설명과 암기의 대상이 되어 버려 소설을 읽는 것과는 달리 이야기 자체에서 전달되는 재미를 전혀 느끼지 못합니다.

『마르탱 게르의 귀향』속 역사적 사실

서양에서는 역사에서 부족한 사료를 메우기 위해 역사가의 주관을 넘어 상상력을 적극적으로 발휘하려는 움직임이 다양하게 나타나고 있습니다. 그리고 마치 드라마처럼 이야기가 주는 재미, 반전 등을 통해 오히려 당시의 시대와 사실을 잘 알 수 있다는 것을 보여 주는 역사서들이 있습니다.

한 예로 나탈리 제먼 데이비스(Natalie Zemon Davis)라는 역사가가 쓴 『마르탱 게르의 귀향(Le retour de Martin Guerre)』이라는 역사책이 있습니다. 데이비스는 이 역사책을 쓰면서 동시에 영화 작업에도 뛰어들었습니다. 프랑스에서 만들어진 이 영화는 미국에서 조디 포스터와 리차드 기어 주연의 〈서머스비(Sommersby)〉라는 제목으로 리메이크되기도 했습니다.

『마르탱 게르의 귀향』의 배경은 중세에서 근대로 넘어가는 과도기였던 16세기 프랑스의 평범한 농촌입니다. 이 책을 통해 데이비스는 마르탱 게르라는 농민의 가족, 결혼, 재산 처분 등에 관한 내용을 바탕으로 당시의 시대를 조명합니다. 그런데 『마르탱 게르의 귀향』은 반전에 반전을 거듭하는 드라마적 요소를 담고 있습니다. 영화 〈스타워즈(Star Wars)〉에서 반전의 대명사로 알려진 부분, 즉 어둠의 세력을 대표하는 다스 베이더가 아버지가 죽었다고 생각하는 제다이 기사에게 "I'm your father!"라고 말하는 장면처럼 말입니다. 『마르탱 게르의 귀향』에서 마르탱 게르는 중세 농촌의 관습에 따라 이른 나이에 사랑과는 무관하게 결혼을 합니다. 그런데 그 결혼 생활은 얼마 지속되지 못하고 아버지와의 불화를 겪은 후 마르탱은 돌연 자취를 감춥니다. 몇 년 후 그는 다시 마을로 돌아와서 여느 가족처럼 자식도 낳고 안정된 삶을 유지합니다. 그러던 중 삼촌과 재산 싸움이 일어나고 마르탱은 재판에 회부됩니다. 그런데 재판정에서 삼촌이 느닷없이 마르탱을 가리키며 그가 사실은 가짜 마르탱이라고 주장합니다. 8년 동안 예전의 아내와 같이 살면서 딸까지 낳았는데 말입니다. 반전은 여기서 끝나지 않습니다. 아내는 이 사실을 이미 처음부터 알고 있었다는 것입니다. 또한 가짜 마르탱은 오히려 진짜 마르탱보다 주변 사람들과 관련된 어린 시절 일을 더 잘 기억하고 친분도 잘 유지하고 있어 그가 가짜라는 사실이 쉽게 증명되지 않습니다. 그러던 중 재판 말미에 전쟁터에서 다리를 다친 마르탱이 돌아오면서 모든 것이 뒤집어집니다. 결국 가짜 마르탱은 처형을 당합니다.

역사적 상상력의 도입, 넓어지는 역사의 시선

소설과도 같은 가짜 마르탱의 이야기는 책장이 술술 넘어갈 정도로 재미있습니다. 또한 이야기가 주는 재미와 함께 중세에서 근대로 넘어가는 시대의 역사적인 사실까지 알 수 있습니다.

특히 눈에 띄는 것이 결혼에 관한 것입니다. 사실 마르탱과 그의 아내는 사랑하던 사이도 아니고 생판 처음 보는 사이인데도 10대 초반에 결혼을 합니다. 이것은 당대에는 자연스러운 일이었습니다. 중세까지 결혼은 사랑이 없어도 가능한 것이었습니다. 예전에는 집안 세력이나 재산 등이 기준이 되어 결혼이 성립하였습니다. 이 책에서는 데이비스의 추측을 가미하여 마르탱의 아내가 재판정에 가기 전에 가짜 마르탱의 존재를 이미 알아챘을 것이라고 합니다. 그렇지만 진짜보다 가짜 마르탱이 더 매력적이고 사랑스러운 존재였으므로 가짜임을 알고도 받아들이게 되었다는 것입니다. 이것은 첫째, 중세 시대에 새로운 아내의 모습을 제시함으로써 역사에서 주목받지 못하던 여성에 대해 역사적 의미를 부여한 것입니다. 평범한 여성이 자신의 행복을 위해 적극적인 의지와 행동을 보였다는 측면에서 말이죠. 둘째, 그러한 적극적인 행동을 통해 행복한 가정을 이루고 화목하게 열정적으로 사는 것이 새로운 근대적인 가치로 등장했다는 역사적 분석이 가능합니다. 그래서 데이비스는 이러한 가짜 마르탱과 아내의 결혼을 '창안된 결혼(Invented marriage)'이라고 표현합니다. 중세의 농민적 관습과는 전혀 다른 결혼이라는 것입니다. 그리고 책에 나오는 재판정의 판사도 이러한 아내의 행동을 일부나마 이해합니다. 왜냐하면 그 또한 이러한 근대적 가치를 인정하는 개신교(改新敎, Protestant)도이기 때문입니다. 그래서 아내에 대한 처벌은 이루어지지 않습니다.

또한 이 책에서는 중세 농민과 달리 농업을 기업처럼 확장하는 자본주의적인 인간형으로 가짜 마르탱을 묘사합니다. 마르탱이 자신의 재산을 불리려고 사업을 확장하지만 않았어도 삼촌과의 불화, 그리고 재판과 처형에 이르지는 않았을지도 모릅니다. 이처럼 『마르탱 게르의 귀향』은 정치적으로 중요한 인물에 대한 이야기 혹은 사회·경제적인 통계나 수치로 당시의 역사를 보여 주는 역사책이 아닙니다. 그렇지만 유럽의 역사에서 중세와 근대로 넘어가는 시점에 평범한 사람들이 어떻게 생활하였고 어떤 변화를 겪으면서 살아갔는지를 알게 해 줍니다. 우리는 서양의 중세에서 근대로 넘어가는 과도기의 역사적 의미를 평범한 이들의 구체적 삶을 통해 생생하게 이해할 수 있습니다.

『마르탱 게르의 귀향』은 얼마 안 되는 재판 기록이나 글을 중심으로 역사가가 다양한 상상력을 발휘하고 판단을 덧붙임으로써 유럽의 16세기와 그 시대를 살아간 이들의 구체적인 삶을 이해하는 또 다른 역사적 해석 방식을 보여 주고 있습니다. 과거의 사람들은 문자를 모르는 경우가 대부분이었기 때문에 기록을 남긴다는 것은 매우 드문 일입니다. 역사가는 이러한 사료의 부족함을 메우기도 하고 과거의 다양한 사례들에 대해 자신의 주관을 더해 상상력을 발휘하여 추측하는 모습도 보여 줍니다. 이제 역사는 객관과 주관에서 더욱 멀리 나가 소설과도 같은 상상력을 발휘하여 재미난 이야기를 가지게 되었습니다. 그리고 당시의 시대를 살았던 평범한 사람들의 목소리를 담았기 때문에 역사를 이해하는 데 더욱 도움이 됩니다.

소설과 영화는 있을 법한 이야기, 즉 허구와 상상력을 바탕으로 합니다. 최근의 역사서는 평범한 사람들의 역사를 복원하면서 역사가의 상상력과 추측, 개연성 등을 적극적으로 도입하는 경향이 보입니다. 소설이나 영화와 같이 반전이 있는 이야기 형식과 재미난 문체를 도입하여 역사에 대한 관심을 불러일으키려는 시도도 보입니다. 그렇다면 과연 어디까지 역사가의 상상력이 용납될 수 있는 것일까요? 그리고 소설과 역사 간에는 본질적인 차이란 결국 없는 것일까요?

제3부

역사 속에는 무엇이 담겨 있는가

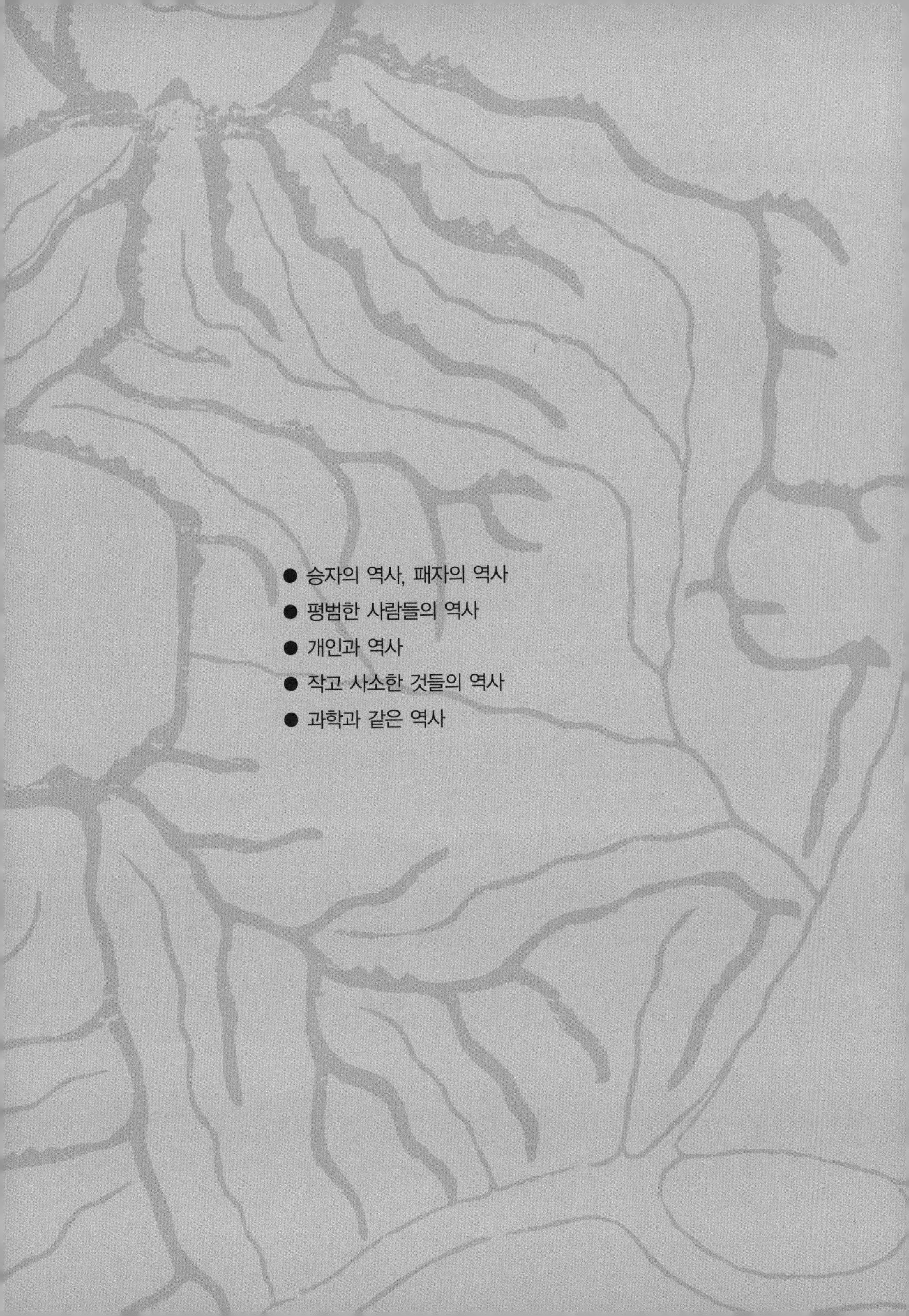
● 승자의 역사, 패자의 역사
● 평범한 사람들의 역사
● 개인과 역사
● 작고 사소한 것들의 역사
● 과학과 같은 역사

승자의 역사, 패자의 역사

　　만약 여러분들이 관심 있는 대상을 정해서 역사를 쓴다면 어떤 것을 선택할까요? 역사의 대상은 '과거의 사건이나 사실'을 말하는데, 그 중심에는 '사람'이 있습니다. 왜냐하면 역사란 인간이 과거의 특정한 시간과 공간에서 활동한 것에 우선적인 의미를 부과하기 때문입니다. 지금부터는 역사가 다루는 '사람'에 대해 하나하나 살펴볼까 합니다. 영웅, 반역자, 패배자, 평범한 사람 등 다양한 개개인들은 역사적으로 각각 다르게 평가받습니다. 그런 역사 속의 개인은 그가 살고 있던 시대나 사회의 영향과 무관하게 존재할 수 있을까요? 개인과 사회의 관계는 어떤 것인지도 더불어 살펴봅시다. 그 다음으로는 사람이 아닌 존재들, 즉 다양한 물질과 환경 등은 역사에서 인간과 어떤 관계를 맺어 왔는지도 알아보겠습니다.

인류 발전을 이끈 영웅들

여러분 머릿속에 역사 속의 인물을 찾아보라고 하면 누가 떠오르나요? 서른을 갓 넘긴 나이에 세계를 제패한 알렉산더(Alexander the Great, BC 356~BC 323), 로마의 카이사르(Gaius Julius Caesar, BC 100~BC 44), 한글을 창제한 대왕 세종(世宗, 1397~1450)과 같은 위대한 인물들이 먼저 떠오를 것입니다. 어렸을 적 읽었던 위인전의 속 인물들이겠지요. 천재적이고 뛰어난 영웅들의 이야기는 어른이 되어서도 사극에 등장할 만큼 흥미로운 역사적 대상입니다.

그런 영웅이나 위대한 인물은 역사적으로 매우 중요한 존재입니다. 그들이 문화를 창조하거나 사건을 만들지 않았다면 인류 역사의 발전이란 없었을 테니까요. 우리 역사에서도 주몽, 왕건이 없었다면 혹은 이순신과 같은 인물이 없었다면 오늘날의 모습이 어땠을 것인지 상상이 가지 않습니다. 그런데 역사는 이들 영웅만을 대상으로 삼지는 않습니다. 역사 교과서나 역사책에서 우리는 반역자나 의적, 실패한 사람들에 대한 내용도 확인할 수 있습니다.

죽음을 앞두고 제자와 만난 노교수가 들려주는 따스한 인생관이 담긴 책인 『모리와 함께한 화요일(An old man, a young man, and life's greatest lesson)』에는 다음과 같은 대목이 등장합니다.

모리가 교수로 있는 대학에서 과 대항 농구경기가 벌어집니다. 학생들이 한 목소리로 "1등은 우리 것!"이라고 외치면서 응원하는 것을 본 모리 교수가 벌떡 일어나 "2등이면 어때?"라고 외칩니다.

우리는 학교생활에서도 성적으로 인해 심한 스트레스를 받고 살아갑니다. 1등은 단 한 명에게만 돌아가는데 모두들 1등이 되기 위해 경쟁하다 보니 어쩔 수 없이 스트레스를 받게 되는 것입니다. 역사에서도 역사가들이나 일반 대중의 시선은 우선적으로 1등, 즉 역사의 승리자나 영웅에게 돌아갑니다. 그렇지만 모든 사람들이 1등의 삶을 살 수는 없습니다. 오히려 2등이나 다수의 꼴찌가 사회를 구성합니다.

그래서 때로는 역사에서 1등과는 다른 길을 간 사람들이 조명을 받기도 합니다. 반역자, 의적, 실패자 그리고 평범한 사람들이 바로 그들입니다.

새로운 시대를 열었던 반역자들

사극에도 등장하는 견훤(甄萱, 867~936)과 궁예(弓裔, ?~918)를 살펴봅시다. 그들은 통일 신라의 반역자들입니다. 둘 다 신라의 계승자가 아니라 고구려와 백제의 계승자임을 강조합니다. 또한 그들은 신라 말기의 '호족(豪族)' 세력을 대표합니다. 호족들은 성주나 장군을 자처하며 통일 신라의 중앙 정부에 노골적으로 반기를 듭니다. 그들은 중앙 정부의 권위와 통제력이 사라진 혼란한 시기에 굶주린 백성들 사이에서 새 시대를 열어 줄 지도자로서 각광받게 됩니다. 신라의 입장에서는 중대한 모반자들이지만 오히려 그들을 통해 우리는 영웅만큼이나 중요한 역사적 역할을 찾아낼 수 있습니다. 통일 신라에서 고려로 넘어가는, 즉 고대 사회와 중세 시대가 연결되는 중요

호족(豪族)
신라 말에 등장한 지방 세력으로 고려를 건국하는 데 이바지하였다.

한 역사적 흐름을 보여 주기 때문입니다.

사실 왕건(王建, 877~943)도 통일 신라를 계승한다는 미명하에 통일 신라의 경순왕(敬順王, ?~978)으로부터 항복을 받아 내지만 그도 호족, 즉 시대의 반역자 출신이었습니다. 그렇지만 그는 단순한 왕조의 개창이 아니라 호족들과 백성의 신임을 받으며 그들에 대한 통합을 일궈 내 새로운 시대를 열어 갑니다. 이렇게 본다면 반역자도 역사의 중요한 대상임에 틀림없습니다.

의적을 자처하는 시대의 반역자 또한 우리가 눈여겨볼 만합니다. 임꺽정(林巨正)은 조선 중기 때 유명한 도적입니다. 그런데 그가 의적 행세를 하고 사람들에게서 명성을 얻을 수 있었던 것은 당시 정치가 어지럽고 백성들은 힘겨운 생활을 하고 있었기 때문입니다. 중종(中宗, 1488~1544) 때부터 인종(仁宗, 1515~1545)과 명종(明宗, 1534~1567) 시대까지 지배층은 오직 권력을 차지하기 위해 갖은 음모와 중상모략을 일삼고 있었고, 성리학적 왕도 정치를 바라던 사림은 '사화(士禍)'로 인해 엄청난 화를 입습니다. 지방에서는 수령들이 백성을 괴롭히고 농민들은 토지에서 이탈하여 굶주린 배를 움켜쥐고 떠돌아다닐 수밖에 없었습니다. 그런 배경하에 '키다리 장정'이라는 이름을 가진 백정 출신의 천민 임꺽정이 당대 민중에게 영웅만큼의 명성을 얻게 되었던 것입니다.

홍길동의 경우는 어떨까요? 대부분 허균(許筠, 1569~1618)의 『홍길동전(洪吉童傳)』에 등장하는 허구의 의적으로만 알고 있는 홍길동은 사실 광해군 때가 아니라 연산군 때 있었던 실존 인물입니다. 그는 소설만큼은 아니지만 실제로 의적 행세를 한 것으로 알려져 있습니다. 무시무시한 신분 차별이 존재하고 농민이 고통 받는 시대적 상황 속에서 임꺽정이나 홍길동은 역사 속 영웅이 되고 소설의 주인공으로 재탄생하기도 합니다.

후대를 바꾼 실패자들

역사는 이런 의적뿐만 아니라 실패자나 패배자도 의미 있는 존재로 기억합니다. 오늘날에도 존경받는 정치인이자 지도자로서 일순위에 오르내리는 백범 김구(白凡 金九, 1876~1949) 선생을 봅시다. 김구는 대한민국 임시정부를 이끌고 일제강점기에 독립운동을 펼친 인물입니다. 그런데 그의 인생을 잘 살펴보면 그는 세 번의 큰 실패를

겪습니다.

　첫째, 그는 19살에 동학농민운동(東學農民運動)에 뛰어들어 활동했지만 일본군과 조선 관군에 의해 탄압당합니다. 둘째, 대한민국 임시정부를 이끌고 일본에 저항하던 중 1945년에는 미군의 협조를 얻어 우리 스스로의 힘으로 독립을 쟁취하기 위해 국내 진공 작전을 계획했습니다. 그러나 그 직전에 미군의 원자 폭탄이 일본에 투하되고 일왕이 항복을 선언함으로써 우리 임시정부의 힘으로 독립을 쟁취한다는 꿈은 물거품이 되어 버렸습니다. 그 후 김구는 임시정부 주석이 아니라 개인 자격으로 광복을 맞은 국내로 돌아옵니다. 셋째, 그는 남과 북이 분단의 길로 접어들자 이를 막고 통일된 자주 독립 국가를 수립하기 위해 분투했습니다. 심지어 73세의 나이에도 불구하고 평양으로 가서 남과 북의 지도자들을 모아 분단을 막아 보려고 노력했습니다. 그렇지만 결국 남과 북은 각각의 정부를 수립하고, 통일을 주장했던 그는 다음해 1949년 6월 암살당하고 말았습니다.

　만약 역사가 영웅만을 다룬다면 이와 같은 커다란 실패를 남긴 김구는 역사에서 지우개로 지워져야 할 존재였을 것입니다. 그렇지만 영웅과 승리자만큼 패배자 또한 우리에게 역사적 의미와 깊은 교훈을 깊이 있게 던져 주는 경우가 있습니다. 김구의 실패는 오히려 역사의 거울로 우리에게 다가옵니다.

　김구의 경우만이 아니라 정약용(丁若鏞, 1762~1836)처럼 당대에는 정치적으로 실패한 인물이었지만 오늘날 우리에게 역사적으로 의미 있는 한 존재로 남는 경우도 있습니다. 「유배지에서 보낸 편지」로

> **⌣ 정약용**
> **(丁若鏞, 1762~1836)**
> 조선 후기 정치인이자 실학자이다. 정치기구의 전면적 개혁과 지방행정의 쇄신, 농민의 토지균점과 노동력에 의거한 수확의 공평한 분배, 노비제의 폐기 등을 주장하였다.

잘 알려진 정약용의 인생은 정조 시절의 관직 생활을 빼면 끊임없는 유배 생활로 이어져 있습니다. 서양 기술을 익혀 배다리를 만들고 거중기를 이용하여 화성(華城)을 설계하고 병조참의, 좌우부승지 등까지 올랐던 정약용은 신유박해(辛酉迫害)에 의해 18년간 유배지에서 머물러 있어야 했습니다. 일이 년도 아니고 무려 18년을 유배지에서 산다는 것을 여러분은 감히 상상할 수 있는지 모르겠습니다. 양반에게 유배는 곧 정치적 죽음을 뜻하는 것이었습니다. 완전히 실패한 인생이지요. 그러나 그는 전남 강진에서 풀려날 때까지 자신과 끊임없이 싸우면서 학문에 몰두하여 당대 조선 사회가 안고 있는 문제점을 해결할 수 있는 수많은 개혁 사상을 일궈 냅니다. 정치의 전면적 개혁과 수령이 다스리는 지방행정의 쇄신, 농민에게 토지를 나눠 줄 것과 노동에 의한 수확의 공평한 분배, 평등 사회를 향한 노비제의 폐지 등을 주장한 것입니다.

또한 정약용은 관리들의 부정을 막고 정치 기강을 바로 세울 목적으로 『목민심서(牧民心書)』를 저술하기도 했습니다. 그 밖에 민족의 역사를 고증한 『아방강역고(我邦疆域考)』, 국가제도의 개혁을 주장하는 내용을 담은 『경세유표(經世遺表)』, 범죄자의 인권을 강조한 『흠흠신서(欽欽新書)』 등 무려 500여 권의 책을 집필하여 실학(實學)을 완성시켰습니다. 무엇보다 그는 당대의 부정부패한 집권층 때문에 고통받고 억압에 찌들어 있는 민중을 위한 개혁 사상을 주창함으로써 자신이 딛고 서 있는 현실의 극복을 위해 애쓴 인물로 평가됩니다.

어쩌면 역사에서 성공과 실패는 당대에 결정되는 것이 아닌지도 모릅니다. 김구나 정약용 등의 경우처럼 현실에서의 실패가 오히려 후대인에게 더 많은 교훈을 던져 주기도 합니다. 비록 결과가 원하는 대로 이뤄지지 않았더라도 그 당시의 사건이나 인물의 활동이 후대에 어떤 영향을 미쳐서 사회를 변화·발전시켰느냐에 따라서 역사는 패배자에게도 관심을 기울이는 것입니다.

역사에 기록된 인물들은 대부분 승리자이거나 영웅, 위대한 업적을 남긴 엘리트들입니다. 그들은 역사에서 매우 중요한 존재이지만 그들 못지않게 한 시대를 대표하는 패배자, 반역자 등도 역사적인 가치를 지니고 있습니다. 견훤, 궁예, 김구, 정약용 등이 바로 그러한 인물들입니다. 역사 교과서에는 나오지 않지만 여러분이 생각하기에 반드시 탐구해 볼 만한 가치가 있다고 생각하는 인물들을 조사해 보고, 왜 그들이 역사의 주인이 될 수 있는지 그 이유도 생각해 봅시다.

평범한 사람들의 역사

세종대왕에서 임꺽정, 정약용까지 그들이 영웅이
건 도둑이건 패배자이건 간에 그들이 역사적으로 뛰어난 인물이라
는 점에서는 부인할 수 없습니다. 그렇다면 역사는 이런 뛰어난 인물
들만 다루는 것일까요? 그렇지는 않습니다. 영웅을 주요 소재로 다루
던 영화나 방송에서도 변화가 일어나 〈왕의 남자〉에서 보듯이 광대가
주인공으로 등장하기도 하고, 〈대장금〉에는 영웅이 아닌 것도 모자라
사회적으로 미천한 신분이던 여성이 주인공으로 등장합니다. 역사에
서도 마찬가지입니다. 까맣게 잊고 있던 평범한 농부나 노동자, 여
성이 점차 역사의 무대에 등장하기 시작했습니다.

사실 나폴레옹을 따랐던 수많은 이름 없는 프랑스 병사들이 없었
다면, 이성계를 따랐던 수많은 당시의 사람들이 없었다면 역사는 전
혀 다른 방향으로 전개되었을지도 모릅니다. 그런 의미에서 이름 없
는 수많은 사람들이야말로 역사의 주인일지도 모릅니다.

역사의 진정한 주역들

평범한 사람들이 그저 의적 임꺽정과 홍길동에게 박수를 치며 존재하다 역사적으로 스러져 간 것만은 아닙니다. 그들은 자신들이 시대의 주역임을 알고 과감히 자신의 정치적 권리를 위해 시대의 모순과 불의에 항거하며 역사의 무대에 등장하기도 합니다.

우리 역사 교과서를 보면 산업혁명으로 대량생산과 자본주의의 발전이 가능했다는 내용이 적혀 있습니다. 그리고 노동자, 여성, 어린아이들이 장시간 노동과 열악한 작업 환경 등으로 고통 받았다는 사실도 짧게 소개되어 있습니다. 그러나 그 속에서도 인간으로서의 권리를 주장하고 보장받기까지 평범한 사람들이 흘린 피와 땀에 대한 기록은 보이지 않습니다. 다만 영국에서 1832년 제1차 선거법 개정으로 도시의 선거권이 중산층에게까지 확대되었고 이 개정으로 혜택을 받지 못한 노동자들이 보통선거, 비밀 투표 등을 요구하는 차티스트 운동(Chartism)을 일으켰다는 사실은 간략하게 다룹니다. E. P. 톰슨(Edward Palmer Thompson, 1924~1993)의 『영국 노동계급의 형성(The Making the English Working Class)』은 바로 잊혀진 그들, 즉 민중이라 불리는 이들의 피와 땀의 역사를 '아래로부터' 복원한 역사서입니다.

그는 『영국 노동계급의 형성』에서 프랑스 혁명의 보편적 정신이었던 자유 · 박애 · 평등의 근대적 권리와 이상이 영국의 평범한 노동자들에게도 정치적 자극을 주었다고 지적합니다. 이미 18세기 말부터 영국에서는 이를 실현하기 위한 운동이 있었던 것입니다. 이 책은 가난한 양말직공, 양복제조자, 인쇄공 등 당시를 살았던 보통 사

➤ 차티스트 운동
(Chartism)
1838년부터 1848년까지 일어났던 영국 노동자들의 참정권 요구 운동이다.

람들이 잊혀서는 안 될 존재이며, 단순 폭도나 사회 불만 세력이 아니라 자신의 생각을 말하고 권리를 주장할 수 있는 역사적인 존재라는 것을 보여 주고 있습니다. 영국의 산업혁명을 거치며 이들 노동자들은 정당하지 못한 임금, 일자리를 뺏어 가는 산업혁명의 결과를 가만히 보고만 있지는 않았습니다. 산업혁명과 함께 그들은 자신의 권리를 지키기 위한 하나의 문화적 공동체이자 단일한 노동계급으로 성장하여 누구에게나 보장되어야 할 정치적·경제적 권리를 주장한 것입니다. 기계 파괴 운동으로 불리는 '러다이트 운동(Luddite Movement)'을 거쳐 그들은 결국 왕과 귀족이 아니라 평범한 사람들 그리고 노동자들도 당연히 민주 시민이자 인간으로서 정치에 참여할 수 있는 참정권(參政權, political rights)을 획득하게 됩니다.

우리의 현대사에도 학력이 초등학교 중퇴밖에 안 되는 평범한 노동자로서 자신과 주변의 불의에 저항하며 산화한 역사적 인물이 있습니다. 바로 1970년 평화시장 한복판에서 "근로기준법을 준수하라."라고 외치며 자신의 몸을 던진 전태일(全泰壹, 1948~1970)입니다.

전태일은 재단사 출신의 노동자였습니다. 그는 당시 한국 경제의 급속한 성장 속에서 외면당하고 저임금과 열악한 작업 환경에 시달리는 자신과 주변의 불우한 처지를 묵묵히 참고만 있지 않았습니다. 전태일은 봉제공장의 재단사로 일하면서, 주변에서 나이 어린 소녀들이 장시간 중노동에 시달리면서도 최저생계비에도 못 미치는 월급을 받는다는 것에 분노했습니다.

처음에 그는 작업장의 노동조건을 조사했습니다. 그리고 회사가

근로기준법을 준수하지 않는다는 것을 고발하기 위해 관계 당국에 진정서를 제출하지만 번번히 묵살당합니다. 결국 그는 몸을 던져 인간으로서의 최소한의 대접조차 받지 못하는 우리들의 일그러진 자화상을 고발합니다. 이제 전태일은 평범한 노동자에서 우리나라의 민주적 노동 운동 발전의 중요한 계기를 제공하는 역사적 존재로 우리에게 다가옵니다. 한국 노동 운동사에서 전태일은 하나의 역사적 실체로 자리 잡고 있습니다. 이처럼 우리의 역사에서도 위인이나 승리자가 아니더라도 평범한 노동자가 자신 앞에 펼쳐진 모순을 외면하지 않고 역사의 주인으로 등장하는 경우를 볼 수 있습니다.

대중을 통해 당대의 문화를 이해하다

앞에서 우리는 직접적인 저항을 통해 평범한 민중들이 역사에 등장하는 경우를 살펴보았습니다. 그런데 때로는 상징적이고 문화적인 행위를 통해 평범한 이들이 역사에 등장하는 경우도 있습니다.

프랑스 혁명이 일어나기 직전, 당시를 살았던 노동자들의 삶을 알수 있는 상징적인 사건이 일어납니다. 평범한 노동자들이 인쇄소에서 고양이를 학살하고 재판을 통해 처형하는 일을 벌인 것입니다. 역사가 로버트 단턴(Robert Darnton)은 『고양이 대학살(The Great Cat Massacre)』이라는 책에서 이 사건을 집중적으로 다룹니다. 그는 이 사건을 민속학, 인류학 등의 관점에서 문화적으로 재해석합니다. 여러분도 누군가에게 너무 큰 스트레스를 받으면 때론 화장실의 낙서, 인터넷 글 등 소극적이나마 눈에 띄지 않게 험담을 통해서 풀지 않습니까? 고양이 학살 소동도 이와 같은 맥락에서 시작됩니다. 하루하루를 살아가기 힘든 사회적 약자인 노동자들이 주인이나 정부 혹은 당시의 체제에 직접적으로 도전을 하기보다는 문화적이고 상징적인 행위를 통해 저항을 한 것입니다.

1730년대 파리의 한 인쇄소에서 인쇄공들은 열악한 작업 환경과 주인의 간섭에 지쳐 가고 있었습니다. 더군다나 숙소 근처에서 밤마다 울어 대는 고양이 소리에 잠도 제대로 잘 수 없었고, 매일 이어지는 힘든 노동은 그들을 더욱 고통스럽게 했습니다. 그런데 마침 주인의 아내에게는 애지중지하는 고양이가 있었습니다. 어느 날 밤 인쇄공들 중 한 명이 주인 내외의 침실 근처 지붕에 올라가 고양이 울

음소리를 내면서 주인과 그 아내가 잠을 잘 수 없게 만들어 버렸습니다. 그리고 다음날 주인에게서 고양이를 죽이라는 명령을 받습니다. 이제 그들은 눈에 띄는 모든 고양이를 잡습니다. 여기엔 물론 주인의 고양이도 포함됩니다. 인쇄소의 모든 노동자들은 한 데 모여서 모의재판을 벌이고 고양이에게 유죄 판결을 내린 후 즉석에서 만든 교수대에 매달아 버렸습니다. 이를 본 주인은 노동자들이 작업을 하지 않는 모습에 화를 내고 주인의 아내는 그들이 주인에 대한 반감을 표한다는 사실에 충격을 받습니다. 그러나 인쇄공들은 끝까지 물러서지 않고 주인과 아내는 안으로 물러갈 수밖에 없습니다. 노동자들은 오랜만에 무질서와 환희 그리고 웃음이 가득한 그 시간을 즐깁니다.

이 평범한 노동자들의 스트레스 해소법, 즉 고양이를 대학살하는 것이 역사적으로 무슨 의미가 있는 것일까요? 로버트 단턴은 고양이를 살해한 것이 주인, 즉 당시 부르주아(bourgeoisie)로 불리던 자본가에 대해 노동자들 전체가 갖고 있던 증오를 표현한 것이라고 분석했습니다. 자신들에게 힘든 노동을 떠넘기면서 물건을 보듯 비인간적으로 대우하는 주인에 대한 분노를 자신들만의 단결된 시간과 고양이 학살이라는 문화적 의례를 통해 해소했다는 것입니다.

그렇다면 왜 하필 '고양이'가 그 대상이었을까요? 원래 프랑스를 포함한 유럽에서 근세 초기 고양이 학살은 대중적인 오락이었다고 합니다. 당시 고양이는 마법을 부리는 존재로 인식되었고 주술적인 힘을 상징하기도 했습니다. 또한 책 속에서 고양이는 인쇄소의 주인

혹은 주인의 아내와 동일시됩니다. 따라서 이 고양이를 학살하는 것은 주인과 아내에 대한 조롱이자 증오의 표현인 것입니다. 고양이를 처형함으로써 그들은 주인 내외를 비난하고 당시 부르주아 계급에게 유죄를 선언한 것입니다. 더 나아가 당시의 프랑스 구체제(Ancien Régime, 절대 왕정 체제)의 법질서와 사회질서 전체를 조롱하는 의도도 있다고 할 수 있습니다. 그는 이것이 훗날 프랑스 혁명이라는 급진적인 형태의 민중 봉기로 이어졌다고 시사하기도 했습니다.

이러한 역사적 분석을 위해 단턴은 기존과는 다른 역사적 사료를 활용했습니다. 정부 문서보관소에 있는 사료들이 아니라 민담, 미신, 속담 등 다양한 민속자료를 찾아본 것입니다. 단턴의 눈에는 이러한 자료들이 오히려 평범한 이들의 생각과 문화를 더 명확하게 알리는 역사적 자료였습니다.

이런 문화적 상징들을 파악하면서 평범한 민중들이 당시 거대한 역사적 사건이나 체제, 구조 속에서 어떻게 자신들의 생각과 의도를 실천했는지 알아보면 우리는 당대를 살아간 사람들의 이야기, 문화, 생활에 좀 더 쉽게 다가갈 수 있습니다.

여러분들이 다닌 학교에 대한 역사를 쓴다고 해 봅시다. 단순하게 학교가 언제 생겼고 건물은 어느 정도 크기이고 교가나 교훈은 무엇이었는지만 본다면 실제 그 학교의 역사를 모두 파악할 수는 없습니다. 역사는 기본적으로 '사람들'에 대한 이야기이기 때문입니다. 여러분들이 학교에서 어떤 교육을 받았고 그것을 어떻게 받아들였는지 알기 위해서는 평범한 기록을 관찰해 보면 됩니다. 그것은 여러

분의 일기일 수도 있고 책상 위나 화장실에 새긴 낙서, 숙제로 낸 과
제물이 될 수도 있습니다. 이런 것들을 살펴보면 학교를 다니는 수
많은 학생들이 과연 어떻게 학교 교육을 받아들였는지 생생하게 알
수 있습니다. 이렇게 평범한 사람들에 대한 기록과 문화를 통해 진
짜 삶을 살아간 이들의 모습을 역사적으로 그릴 수 있게 되는 것입
니다.

이름 없는 수많은 사람들, 즉 평범한 민중들도 역사에서 빼놓을 수 없는 대상일 뿐만 아니라 그들은 역사
를 이끌기도 합니다. 그들에게는 지배층과 다른 그들 나름의 생활 방식이 존재하였으며 자신들에 대한 불
합리한 지배와 억압에 대하여 능동적인 자세와 다양한 문화적 형태를 통해 저항을 하기도 했습니다. 이들
이 남긴 평범한 생활에 대한 기록들이 오늘날에는 훌륭한 역사가 될 수 있는 것은 바로 그 때문입니다. 우
리나라는 근대 이전까지 대부분 농민들이 인구의 대다수를 차지하고 있었습니다. 그들의 생활과 모습이
역사에서 중심이 되었던 적은 없었는지 탐구해 봅시다.

개인과 역사

지금까지 우리는 역사 속에 등장하는 사람들을 살펴보았습니다. 그리고 위대한 승리자와 영웅들뿐만 아니라 반역자, 도적, 패배자와 평범한 사람들에게 이르기까지 모두 역사에 포함될 수 있음을 알게 되었습니다. '중요하든 중요하지 않든 간에' 과거를 살아간 이들의 존재를 확인하는 과정을 통해 역사를 다양하게 파악할 수 있다는 것입니다.

그렇다면 여기서 한 걸음 더 나아가 봅시다. 이러한 다양한 개인-영웅에서 평범한 농부까지-은 개별적 존재로 파악해야 하는 것일까요? 알렉산더는 오직 알렉산더의 개인적 출중함으로만 역사 속에 남아 있는 걸까요? 전태일도 다른 사람과 다른 뛰어난 개인적 능력 덕분에 역사적으로 유명해진 것일까요? 이들의 존재를 논하기 위해서는 정치·경제·사회·문화적인 당대의 시대적 영향을 고려해 봐야 합니다.

사회 속에서 존재하는 개인

역사에서 사람을 파악할 때에는 그가 어느 시대에 살았느냐가 중요합니다. 알렉산더가 21세기에 태어났다면 그런 정복 활동을 도저히 할 수 없었을지도 모릅니다. 전태일도 마찬가지입니다. 1960~1970년대 성장제일주의의 한국 경제를 이해하지 못한다면 그의 행동을 제대로 조명할 수 없습니다. 고양이를 학살한 노동자들의 행위도 프랑스 혁명 이후 200여 년이 훌쩍 넘은 오늘날에는 전혀 이해받을 수 없는 일일 수도 있습니다.

따라서 우리는 영웅이든 평범한 개인이든 개인을 역사적으로 파악할 때, 당시의 사회·시대적 조건이 어떠하였는지를 생각해 보아야 합니다. 이것을 E. H. 카는 "역사에서 개인의 의지와 행동이 중요한가 아니면 이를 실현하는 데 당대 사회의 힘이 중요한가."라는 문장으로 요약합니다. 아무리 모차르트(Wolfgang Amadeus Mozart, 1756~1791) 같은 천재적인 음악가가 있다고 하더라도 당대 사회가 그의 음악을 받아들이지 못한다면 그의 천재성은 온전히 드러나지 못합니다. 더구나 우리 인간은 아리스토텔레스(Aristoteles, BC 384~BC 322)가 말한 것처럼 '사회적 동물'이지 않습니까? 로빈슨 크루소(Robinson Crusoe)의 예를 떠올리면서 독립적으로 존재하는 개인을 생각해 볼 수도 있을 것입니다. 그러나 E. H. 카는 『역사란 무엇인가』에서 로빈슨 크루소는 추상적인 개인이 아니라 엄연히 요크(York) 지방에서 온 영국인이라는 점을 지적합니다. 결국 인간은 자신이 사는 시대와의 관계에서 떼려야 뗄 수 없는 존재라는 것입니다.

사실 우리는 위인전에 익숙하다 보니 위대한 인물로서의 개인을 우선적으로 떠올리기 쉽습니다. 예를 들어 김유신(金庾信, 595~673)에 대해 얘기하자면, 김유신 개인의 위대한 업적과 활동을 떠올리게 되는 것입니다. 그렇지만 역사는 통일을 앞둔 신라의 정치인이자 무인이었던 김유신을 객관적으로 파악합니다. 김유신이 화랑에서 장군이 되면서까지 보여 준 출중한 개인적인 능력이 아니라 7세기 백제와 고구려가 연합하여 신라를 압박하고 있는 시대적 상황 속에서 지배층으로서 신라를 위기에서 구하고 통일이라는 업적을 이룬 인물로 봐야 한다는 것입니다. 그가 고려 시대나 조선 시대에 태어났다면 역사적 상황은 또 달랐을 것이고, 그가 가진 능력으로 이뤄 낸 역사의 결과물도 달라졌을 것입니다. 역사는 개인만큼이나 사회 혹은 시대의 힘을 무시할 수 없기 때문입니다.

역사를 통해 바라보는 문학의 세계

이것은 문학에서도 마찬가지입니다. 조선 전기 가사문학의 최고봉인 송강 정철(鄭澈, 1536~1593)은 「사미인곡(思美人曲)」 「관동별곡(關東別曲)」 「속미인곡(續美人曲)」 등과 같은 가사문학을 남겼는데 그가 살았던 조선 선조 시대의 역사적 배경을 잘 안다면 작품을 이해하기가 훨씬 쉽습니다. 「오감도(鳥瞰圖)」 「날개」 등의 문학 작품으로 유명한 천재 작가 이상(李箱, 1910~1937)의 경우도 마찬가지입니다. 일제강점기 식민지의 지식인이 얼마나 우울하게 시대를 살아갈 수밖에 없었는지를 파악한다면 그의 작품 세계를 이해하는 데 더욱 도움이 되겠지요.

문학 작품 자체가 당대의 사회적 관계나 생활상을 그대로 반영하고 있는 경우도 많습니다. 『흥부전(興夫傳)』을 봅시다. 단순하게 놀부는 심보가 고약한 나쁜 형이고 흥부는 한없이 착한 동생이라고 여기는 것으로는 『흥부전』을 온전히 이해했다고 할 수 없습니다. 놀부와 흥부 모두 홀로 존재하는 것이 아니니까요. 그 둘의 생활을 묘사하는 대목이나 박을 대하는 모습 속에는 당대 사회의 모습이 생생하게 담겨져 있습니다. 표면적으로는 인과응보(因果應報)나 권선징악(勸善懲惡)과 같은 주제를 담고 있지만 전체적으로 18~19세기 조선 농촌 사회에서 살아가던 농민의 모습을 적나라하게 묘사하고 있습니다.

놀부는 부를 축적하기 위해 물불을 가리지 않는 사람입니다. 심지어는 가난한 양반을 보면 관을 찢고 남의 제사에 닭을 올려 난장판으로 만들기도 합니다. 조선의 최고 신분인 양반을 업신여기고 당대 최고의 윤리인 삼강오륜(三綱五倫)을 짓밟기까지 하다니, 어떻게 이런 일이 가능할까요? 그것은 당대 사회의 흐름을 파악하면 이해할 수 있습니다.

조선 후기 사회는 양반과 상민으로 대표되는 신분제가 더 이상 버티지 못합니다. 이제는 경제적 관계가 중시되고 자본주의 사회처럼 '돈'이 중요해지는 사회로 변해 가고 있었던 것입니다. 양반도 소수의 부자와 박지원의 『허생전(許生傳)』에 등장하는 다수의 몰락하고 가난한 양반으로 나뉩니다. 농민도 마찬가지입니다. 모내기법이 전국적으로 확산되어 벼와 보리의 이모작(二毛作)이 가능해지고 잡초를

제거하는 일도 줄어들었기 때문에 소수의 농민은 경작지의 규모를 확대하고 그에 따라 소득이 급증하게 됩니다. 마치 놀부처럼 갑자기 부자가 되는 '부농'이 나타나게 된 것입니다.

『흥부전』에서 놀부는 부모에게서 물려받은 논과 밭을 혼자 차지하고 온갖 방법을 동원하여 농사를 짓습니다. 단순히 자급자족이 아니라 팔아서 돈을 남기기 위해서입니다. 바로 조선 후기 사회에서 상품 경제가 발달한 것을 알 수 있는 부분입니다. 놀부는 이를 위해 가난한 흥부가 찾아와도 도와주지 않고 냉정하게 쫓아 버리고, 더 나아가 "남이 못 돼야 내가 잘 된다."는 생각으로 남의 밭 애호박에 말뚝도 박고 다 된 흥정 깨면서 잇속을 챙깁니다.

반면 가난한 흥부는 조선 후기 대다수의 농민을 대변합니다. 소수의 부농을 제외하면 나머지 농민은 이제 농사지을 땅마저 없게 되고 남은 것이라고는 자신의 몸뚱이 하나밖에 없는 신세가 됩니다. 그래서 먹고살기 위해 자신의 노동력, 즉 품을 파는 일용직 임노동자로 전락합니다. 18~19세기 조선의 농촌 사회에서 드러난 농민층의 양극화를 여실히 보여 주는 것입니다. 가난한 흥부는 초상난 집에 부고 전하기, 대장간에서 풀무 불기, 부잣집 어린 신랑 장가갈 때 기러기 들고 신랑 앞에 서서 가기 등의 일거리를 찾아 헤매며 생계를 유지합니다. 그런 장면 사이사이에 당대 가난한 농민들끼리 공동체 의식이 살아 있음을 보여 주는 대목도 보입니다. 흥부는 굶어서 죽어 가는 사람에게 먹던 밥을 덜어 주고 몸이 얼어서 병든 사람에게는 입던 옷을 벗어 줍니다. 몰락한 농민이지만 그들 사이에 남과 더불어 산다는 농촌 사회의 풍습이 여전히 이어지고 있음을 알려 주는 것입니다. 이렇게 문학 작품에서 보이는 역사적 모습을 통해 착한 사람은 복을 받고 나쁜 사람은 벌을 받는다는 단순한 이분법적인 결론을 뛰어넘어 당대 사회와의 관계를 이해하면 제대로 작품을 파악할 수 있게 됩니다.

역사적 관점에서 개인 바라보기

역사에서 개인의 존재를 인정하면서도 사회와 시대적 조건을 중시하는 이유는 바로 당시의 역사를 온전히 이해하기 위해서입니다. 만약 역사에서 사건의 원인을 개인의 문제로 치환할 경우 우리가 얻을 수 있는 것이란 그의 성품이 착한지 아닌지에 관련된 판단 외엔 아무것도 없습니다. 제2차 세계대전(Second World War, 1939~1945)의 원흉으로 히틀러(Adolf Hitler, 1889~1945)를 지목하는 것은 당연한 일입니다. 그렇다면 모든 문제가 해결이 될까요? 아닙니다. 독일에서 히틀러라는 독재자가 어떻게 등장할 수 있었고 그가 엄청난 지지를 받게 된 사회적 배경이 무엇인지를 알아야만 히틀러 개인을 파악할 수 있게 됩니다.

제1차 세계대전(First World War, 1914~1918)의 패배와 그로 인해 독일이 부담하게 된 엄청난 배상금, 그리고 곧이어 터진 경제대공황(Great Depression)으로 더욱 쑥밭이 된 독일의 경제상황 속에서 좌절과 절망에 빠진 독일인들은 왜곡된 영웅인 히틀러를 받아들이게 된 것입니다. 그런 맥락을 살피지 않고 히틀러라는 단 한 명에 의해 그

수많은 독일인들이 아무 감정 없이 유대인을 대량 학살하며 전쟁에 참여했다고 한다면 그렇게 유치하고 단선적인 답이 또 어디 있겠습니까? 독일인들이 자유 의지를 스스로 포기한 이유, 당시 대공황 이후의 독일 경제의 파산, 영국과 프랑스의 국제적 대처 방안 등이 모두 원인으로 고려되어야 합니다. 그렇게 주요한 정치·사회·경제적 원인을 다각도로 규명한 것이 진정한 역사입니다.

1910년 일본에 우리나라의 국권을 팔아넘겼다고 알려진 매국노 이완용(李完用, 1858~1926)을 살펴봅시다. 이완용이 지독히도 나쁜 매국노라는 사실은 누구나 다 압니다. 그런데 이완용 개인에게만 초점을 맞추면 이완용 외에도 적극적으로 나라를 팔아넘기는 데 협조한 다른 친일 매국 인사들이 시야에서 사라지게 됩니다. 또한 당시의 사회가 어떠했기에 이완용이 대한제국을 일본에게 넘길 수 있었는지도 묻혀 버립니다. '매국노 이완용'이라는 결론에만 초점을 맞추면 그가 '왜' 친일 매국 행위를 하게 되었는지 원인과 과정이 빠질 수도 있습니다.

이완용은 서구 계몽사상에 입각한 자유 민권 운동을 펼쳤던 독립협회 회장까지 역임한 인물입니다. 독립협회(獨立協會)가 무엇입니까? 나라의 자주 독립을 염원하는 독립문(獨立門)을 시민의 기금으로 세우고 만민공동회(萬民共同會)등을 통해 최초의 민권 운동에 매진했던 단체입니다. 그런데 이완용은 여기서 활동을 하다 외국에 이권을 넘기는 행위로 제명당합니다. 그는 또한 과거 급제 후 출세 가도를 달린 영민한 관료이기도 했습니다. 영어를 잘했으며 언변 또한 뛰어

독립협회(獨立協會)
1896년 서재필 등이 중심이 되어 만든 우리나라 최초의 사회정치단체이다.

독립문(獨立門)
우리나라가 자주 독립 국가임을 상징하는 건물로 독립협회 등이 주도하여 시민들의 자발적인 모금을 통해 1896년에 건립되었다.

만민공동회(萬民共同會)
독립협회가 중심이 되어 시민들이 참여한 정치 집회. 주로 외세에 반대하며 자주 국권을 지킬 것을 주장하였다.

나서 나중에는 러시아를 끌어들이는 데 일조하기도 했습니다. 개인의 출세와 영달을 위한 이런 그의 변신 과정이 친일 매국으로 향하게 된 것입니다. 이처럼 시대적 관계와 원인을 알아보지 않으면 '매국노 이완용'이라는 개인에 대한 이해와 함께 우리의 국권을 뺏기게 되는 역사적 과정에 대한 이해까지도 놓치게 됩니다.

이처럼 역사는 개인만을 놓고 따지는 것이 아니라 개인이 속한 사회와의 시대적이고 구조적인 관계를 찾으면서 살펴야 제대로 평가하고 해석할 수 있습니다. 만약 그가 속한 시대를 제대로 조명하지 못한다면 그 평가는 미흡할 것입니다. 따라서 당시 시대적 조건은 어떠했으며 당대의 사회 구조 속에서 개개인은 어떤 역사적 선택과 활동을 펼치는지를 연관시켜 보아야 역사를 제대로 파악할 수 있는 것입니다.

모차르트와 같은 천재, 로빈슨 크루소처럼 무인도에 홀로 남겨진 인물, 그리고 김유신에서부터 이완용까지 우리가 역사에서 만나는 인물들은 독립된 존재로만 파악할 수 없습니다. 개개인이 살았던 시대와 사회를 이해하고 그 연관성을 찾아야 수많은 역사적 인물들에 대한 올바른 평가를 내릴 수 있는 것입니다. 전태일이나 이완용처럼 개인의 판단과 행위가 역사에 큰 영향을 미친 사례를 더 생각해 봅시다.

작고 사소한 것들의 역사

　지금 제 책상 위에는 조금은 낯설고 이상한(?) 역사책 두 권이 놓여 있습니다. 하나는 감기가 걸렸을 때 진통제로 쓰이는 아스피린에 대한 역사를 담은 『아스피린의 역사(ASPIRIN)』이고 다른 하나는 『먼지 : 작은 것, 그리고 보이지 않는 것의 역사(DUST : A History of the Small & the Invisible)』입니다. 아스피린과 먼지, 이런 것도 역사의 대상이 될 수 있을지 의아해할 수도 있을 것입니다. 그렇지만 역사는 사람만을 대상으로 하는 것이 아닙니다. 사람과 관련된 환경, 물질 등도 충분히 역사를 이룰 수 있습니다. 왜냐하면 의식주를 포함한 다양한 물질들이 사람 못지않게 당대의 역사를 바꿀 정도로 매우 중요한 역할을 해 왔기 때문입니다.

아스피린과 먼지, 작은 것들의 역사

별도의 처방전이 없어도 살 수 있고 값도 싼 아스피린은 심장병으로 인해 급작스럽게 맞이하는 죽음을 피할 수 있는 약으로도 그 효능이 알려져 있습니다. 아스피린의 주요 성분은 버드나무 껍질 속에 있는데, 거기에서 추출한 이 약품의 효능에 대해서는 고대 이집트 사람들까지 알고 있을 정도였습니다. 버드나무에 병균이 침투하면 잎을 시들게 하고 빨리 떨어뜨리게 함으로써 자신의 생명을 유지하는 모습을 본 사람들은 나무의 핵심 성분을 추출하여 아스피린에 담았습니다. 이 책은 이러한 내용을 바탕으로 고대에서 현재까지 아스피린을 둘러싼 사람들과 극적인 역사를 담았습니다.

먼지 또한 인간과 함께 혹은 인간이 반드시 맞서 싸워 극복해야 하는 존재로 인류의 역사와 함께 해 왔습니다. 『먼지 : 작은 것, 그리고 보이지 않는 것의 역사』에서는 인류의 기원에서부터 우리와 함께 한 등장한 먼지의 역사와 이야기를 담고 있습니다. 인류는 이 먼지와의 투쟁에서 승리함으로써 수명 연장을 이룰 수 있었고 건강한 생활을 할 수 있었습니다.

사실 중세만 하더라도 인류는 먼지와 오물에서 벗어날 수 없었습니다. 중세 유럽에는 상하수도의 구분도 없었고 당연히 오물을 그냥 땅바닥에 버릴 수밖에 없었습니다. 길은 늘 냄새투성이었고 왕자건 공주건 그 우아한 자태와 옷과는 상관없이 질척이는 오물을 밟으며 생활했습니다. 향수만 하더라도 위생이 발전하지 못한 그런 시대의 응급조치로 탄생했다고 할 수 있습니다. 그리고 중세 평범한 사람들은 먼지 속의 벌레와 함께 생활하였고 그 속에서 우주 창조론을 떠올리기도 하였습니다. 그런데 근대에 들어서면서 과학의 발전과 위생적인 도구들을 통해 더럽고 먼지투성이인 생활에서 벗어나게 된 것입니다. 역사는 이렇게 아스피린이나 먼지같이 작은 것들일지라도 모두 우리 인간의 생활과 밀접한 관계를 지니며 발전해 왔다는 점에도 주목합니다.

인류의 삶에 변화를 가져온 음식들

프랑스의 역사가 페르낭 브로델(Fernad Braudel, 1902~1985)은 『물질 문명과 자본주의(Civilisation matérielle, économie et capitalisme, XVe–XVIIIe siècle)』라는 방대한 역사책에서 "사람들은 밀의 씨앗을 뿌려 왔던 방식으로 오늘날에도 밀을 뿌린다. 언제나 옥수수를 심던 방식으로 오늘날에도 옥수수를 심는다. 또 언제나 논을 고르던 방식으로 논을 고른다."라고 말했습니다. 인류 역사 속에서 인간이 먹고 사는 일상생활사는 커다란 비중을 차지하였고 우리 사회의 변화에 밀접한 영향을 미쳤습니다. 따라서 역사는 이러한 물질에 대해서도 당연히 관심을 가지게 됩니다.

예를 들어 음식의 역사를 봅시다. 예전에도 그랬고 지금도 마찬가지로 우리는 여전히 쌀을 주식으로 합니다. 쌀은 우리의 역사 속에 청동기 시대부터 함께 해 온 것입니다. 만약 기근이 들어 흉년이 되면 민심은 흉흉해지기 때문에 역대 왕조에서 농사는 정치와 더불어 늘 으뜸으로 살펴야 하는 분야였습니다. 조선 시대에는 농업을 국가의 대업으로 쳤고 왕이 직접 모범을 보여 농사를 짓는 일도 있었습니다.

페르낭 브로델은 "우리 인류의 역사를 살펴보면 음식과 관련하여 두 종류의 인간이 대립하고 있다."는 표현을 쓰기도 합니다. 고기를 먹는 소수의 사람들과 빵, 죽, 야채 등을 먹는 다수의 사람이 있었다는 것입니다. 그리고 이러한 음식을 비롯한 다양한 물질은 우리 인류의 운명을 바꾸기도 했습니다.

유럽에서 밀가루는 우리의 쌀만큼이나 없어서는 안 되는 음식입니다. 같은 칼로리를 얻을 수 있는 여러 음식 중에서 밀이 상대적으로 값이 싸기 때문에 유럽에서는 빵을 주식으로 하는 문화가 발달하게 됩니다. 브로델에 따르면 1780년경에 밀은 고기보다 11배, 신선한 생선보다 65배, 계란보다 6배나 쌌다고 합니다. 따라서 밀은 유럽에서 당대 가장 중요한 에너지원이었던 것입니다. 이런 점을 감안한다면 프랑스 혁명 당시 루이 16세(Louis XVI, 1754~1793)의 왕비였던 마리 앙투와네트(Marie Antoinette d'Autriche, 1755~1793)와 관련된 빵 이야기가 이해되기도 합니다. 프랑스 혁명 직전 흉년이 들어 일반 민중들은 빵을 구할 수 없어서 고통스러워합니다. 이러한 식량 위기에 대해 마리 앙투와네트가 "빵이 없으면 고기를 먹으면 되지 않나?"라고 말했다는 일화가 있습니다(고기가 아니라 케이크 혹은 과자였다는 말도 있습니다). 불에 기름을 부은 것처럼 결국 성난 파리의 군중은 혁명에 가담하였고 앙투와네트는 혁명의 단두대에 목숨을 바치게 됩니다.

유럽의 인구를 변화시킨 감자

곡물 중 감자와 옥수수 또한 역사에서 매우 중요한 곡물입니다. 여기서는 감자를 한번 살펴봅시다. 감자는 원래 아메리카의 안데스 산맥 고원 지대에서 원주민들에 의해 재배되던 작물입니다. 그러다 16세기에 스페인 사람들이 발견하여 유럽으로 들여온 것입니다. 처음에 유럽인들은 땅속에서 자라는 이 작물에 대해 호의적인 반응을 보이지 않았습니다. 감자는 끈끈하고 소화가 잘 안 되는 음식으로 여겨져 말 사료로만 쓰기도 했다는 기록도 있습니다. 그러다 18세기 중엽 하층민이 먹기 시작하면서 기근을 면할 수 있는 구황작물(救荒作物)로 등장합니다. 심지어 프랑스 혁명 이후 혁명 정부는 감자를 전국적으로 보급하기도 했습니다. 훗날 어떤 역사가는 감자야말로 유럽의 인구가 증가하게 된 원인이라고까지 주장하기도 합니다. 실제로 같은 크기의 땅이라도 밀을 재배하면 한 사람을 먹일 수 있는데 감자를 재배하면 두 사람을 먹일 수 있다고 합니다. 이제 감자는 유럽에서 일상의 음식이 되면서 감자는 일 년 열두 달 동안 먹는 음식으로 등장합니다. 그렇지만 이런 장점을 지닌 감자가 아일랜드에서는 그 나라 인구의 3분의 1을 사망하게 만드는 원인을 제공하기도 했습니다.

19세기 아일랜드는 경제적으로 무척 열악하였기 때문에 재배도 쉽고 보존도 쉬운 감자에 크게 의존하게 되었습니다. 그렇게 감자의 의존도가 높아진 상태에서 19세기 중반에 '감자 마름병'이 퍼지자 아일랜드에서는 엄청난 기근이 발생하여 240만 명 정도의 아사자가

> ▶ **구황작물(救荒作物)**
> 기후 조건에 영향을 덜 받고 상당한 수확을 얻을 수 있어 흉년 때 큰 도움이 되는 작물. 조, 피, 기장, 메밀, 고구마, 감자 등이 있다.

생겼던 것입니다. 기근에서 살아남은 사람들 중에는 새로운 환경을 찾아 미국으로 이민을 간 사람들도 상당하다고 합니다.

유럽 최고의 기호식품이 된 커피

감자뿐만 아니라 우리가 지금 기호품으로 즐기고 있는 커피나 코코아도 세계사에서 매우 중요한 역할을 차지합니다. 커피 하면 당연히 유럽의 문화라고 생각하기 쉽습니다. 그렇지만 커피의 원산지는 아프리카의 에티오피아입니다. 그리고 처음으로 커피를 음료로 마신 지역은 이슬람권입니다. 우리가 흔히 알고 있는 '모카(Mocha)'는 단순히 상표 이름이 아니라 아라비아 반도 남서쪽에 위치한 예멘(Yemen)이라는 나라의 유명한 커피 산지이자 항구 이름입니다.

이슬람에서는 교리에 술이 금지되어 있었기 때문에 그 대신 커피

를 많이 마셨습니다. 그들이 마시던 커피가 유럽에 퍼지게 된 것은 오스만 투르크의 비엔나 침공 이후 오스트리아로 전파되었기 때문입니다. 유럽 최초의 커피점이 비엔나에 생겼고-지금도 비엔나(Vienna) 커피가 있습니다-고급 문화를 상징하며 유럽에 안착되었습니다. 사실 커피는 이슬람을 창시한 마호메트에게 천사가 전해 준 '쓴 맛의 비약'이라고도 알려져 있습니다. 옛사람들에게는 커피를 마시면 각종 질환을 치료할 수 있고 수명을 연장해 준다는 믿음도 있었습니다.

또한 커피는 프랑스 혁명의 사상적 배경이 된 계몽사상을 만든 이들이 즐겨 찾던 음료이기도 합니다. 백과전서파(百科全書派)로 불리는 디드로(Denis Diderot, 1713~1784)나 계몽사상을 주창한 루소(Jean-Jacques Rousseau, 1712~1778)와 같은 이들은 당시 파리의 커피 하우스(coffee house)의 단골손님이었다고 합니다. 왕과 귀족 세력을 반대하는 계몽사상가, 부르주아, 노동자들이 모여서 자신들의 불만을 토로하고 정치적 비평을 쏟아내던 곳이 바로 까페(café)였습니다. 그래서 커피가 프랑스 혁명을 일으킨 배경 중의 하나일지도 모른다는 말도 있을 정도입니다.

프랑스 혁명 이전에도 커피는 이미 프랑스 절대주의를 유지하는 중요한 요인이었습니다. 루이 14세(Louis XIV, 1638~1715)의 중상주의(重商主義) 정책을 보면 커피에 높은 수입관세를 부과하면서 세금 징수의 중요한 방편으로 이용했습니다.

오늘날 세계 최대의 커피 농장은 브라질에 있습니다. 브라질 사람들도 커피를 주식처럼 애용합니다. 사실 아메리카 대륙에 위치한 브라질에 커피 농장이 발달한 것은 브라질을 식민지로 만든 포르투갈인 때문입니다. 포르투갈계 백인이 현지인 노예를 이용해서 플랜테이션(plantation) 방식으로 거대한 농장을 운영한 역사 때문에 현재까지도 브라질은 세계 커피 생산량 1위를 차지하고 있습니다.

우리나라에는 고종(高宗, 1852~1919) 황제가 1896년 아관파천(俄館播遷)을 단행하여 러시아 공사관에서 머물던 중 처음 커피를 맛보게 되었다고 합니다. 그 이후부터 커피는 곧 개화의 상징이자 서구 고급 문화의 상징으로 유행하기 시작합니다.

다양한 물질들에 의해 변화된 인류의 역사

이런 음식 외에도 기후, 도시, 의복, 건축 등 다양한 요소들이 역사에서 중요한 존재가 될 수 있습니다. 기후를 살펴볼까요? 오늘날에도 쓰나미(tsunami)나 화산 폭발 등 인류는 자연 재해의 피해를 목도하고 있습니다. 지구 온난화로 빙하가 녹고 있으며 높아지는 해수면 때문에 얼마 안 가서 바다 속으로 가라앉는 섬이 등장할 것이라는 예측도 있습니다. 기후는 인류의 역사에 매우 큰 영향을 미쳐 왔습니다. 17세기에는 '소빙하기' 라 하여 전세계적으로 기온이 내려가는 현상이 발생했습니다. 그로 인해서 엄청난 가뭄, 흉년, 기근이 일어났고, 그 사태는 농민 반란으로 이어지기도 했습니다.

돌이켜 보면 인간이 역사 속에서 오랜 기간 동안 접해 온 것은 혁

명이나 전쟁과 같이 인류가 만들어 낸 사건들보다는 오히려 살고 있
는 공간이나 의식주 등 생활 속의 물질적 조건과 환경입니다. 때문
에 이러한 물질들과 인간과의 관계, 즉 장기간 인간의 일상생활에
영향을 끼친 요소들을 통해 과거의 우리가 어떤 변화를 겪었는가를
살펴봄으로써 인간에 대한 이해를 찾는 것도 중요한 역사적 과제입
니다.

역사의 대상은 무엇보다도 인간입니다. 그렇지만 인간의 삶과 밀접하게 관계를 맺고 있는 각종 물질과 환
경 또한 무시할 수 없는 존재입니다. 따지고 보면 먼 과거에서부터 현재까지 우리에게 큰 영향을 미친 것
은 혁명이나 전쟁과 같은 단기적인 사건보다는 이러한 물질이나 환경과 관련된 사안일지도 모릅니다. 그
렇게 역사 속에서는 장기간 인간의 변화에 영향을 끼친 것들까지도 탐구 대상이 되는 것입니다. 우리 민
족의 주된 먹을거리인 쌀의 역사를 되짚어 보면서 역사를 그려 보는 건 어떨까요?

과학과 같은 역사

지금까지 역사의 대상이자 주인공으로서 사람과 물질적 요소 등에 대해 알아보았습니다. 이제부터는 여러분이 역사를 바라볼 때 판단해야 할 몇 가지를 추가로 살펴볼까 합니다. 그리고 과연 우리가 어떤 관점으로 역사를 대하고 있는지를 생각해 봄으로써 여러분 스스로가 역사에 대해 자신만의 관점을 가지도록 해 봅시다.

역사의 다양한 얼굴

오늘날 우리는 학교에서 배우는 교과서, TV와 영화 속 사극, 그리고 각종 역사책 등을 통해 역사를 접합니다. 이 속에서 만나게 되는 역사의 얼굴은 조금씩 다릅니다. 초등학교 때에 우리는 역사를 따로 배운 적은 없지만 역사는 만화나 위인전을 통해 늘 접하는 흥미로운 이야깃거리였습니다. '옛날 옛적에'로 시작하는 모든 이야기들은 어떻게 보면 다 과거의 일들을 다루므로 크게 보면 역사라고 해도 무방합니다. 그렇게 시작된 이야기에는 단군의 탄생과 관련된 재미난 이야기에서부터 을지문덕, 광개토대왕, 이순신, 안중근까지 우리 역사에서 뛰어난 업적을 이룬 이들의 감동적이고 교훈적인 이야기도 있습니다. 아니면 연오랑세오녀(延烏郎細烏女)나 처용(處容), 솔거(率居) 이야기처럼 동화 같은 이야기들도 있습니다.

그런데 중·고등학교에서 배우는 역사부터는 그런 재미와 감동이 딱딱한 설명으로 바뀌게 됩니다. 이제 이야기식 역사는 사라지고 오늘날 우리 사회가 어떻게 형성되었는가를 알기 위한 교육 과정 중에 하나로 다가옵니다. 중학교에서 세계사는 사회 과목 속에 포함되어 있습니다. 현대 시민 사회의 성립과 그 의미를 알아보기 위해 고대에서 근대까지의 다양한 세계사를 다루고 있지요. 고등학교에서는 국사를 정치·경제·사회·문화의 분야별로 나누어 세부적으로 배웁니다. 동시에 사회적 현상을 설명하고 각 시대별 특징을 분석하는 등 체계적이면서도 과학적인 공부를 하게 됩니다. 그래서 역사는 '인문학'이면서 동시에 '사회과학'이라는 분야에 포함됩니다. 특히 역사에 기록된 당시의 사건은 왜 발생하였으며 결과적으로는 어떻게 되었는지를 탐구하는 데 중점을 둡니다. 그리고 암기해야 할 많은 사건과 사실로 넘쳐나면서 역사에 거부감을 느끼는 학생도 많아집니다.

그러나 학교를 벗어나 TV나 영화에서 만나는 사극은 다시 역사에 대한 호기심과 재미를 불러옵니다. 스토리가 주는 재미와 스타 배우들의 등장, 사건에 대한 다양한 해석, 화려한 비주얼이 우리의 시선을 사로잡습니다. 때로는 옛날이야기였다가 때로는 딱딱한 과목으로 또 때로는 호기심을 충족시키는 대중문화로, 이렇게 역사는 변화무쌍한 얼굴을 가지고 있는 것입니다. 도대체 역사의 진정한 얼굴은 무엇일까요?

역사에 들이대는 도덕적 잣대

'옛날 옛적에'로 시작하는 이야기에서 우리는 과거의 다양한 삶과 사건들을 만날 수 있습니다. 이 속에는 옛사람들이 어떻게 살았는가 하는 것에서부터 교훈적인 이야기까지 많은 내용을 담고 있습니다. 어렸을 적 읽었던 위인전을 떠올려 보면 우리는 도덕적인 잣대를 가지고 과거의 인물을 평가한다는 것을 알 수 있습니다. '어진 왕 세종', '나쁜 왕 연산군'처럼 말입니다. 그렇지만 중·고등학교에서 배우는 역사 속에는 이런 도덕적 판단이 없습니다. 사건의 나열이거나 시대에 대한 분석과 설명을 다룰 뿐입니다. 이를테면 '착한 왕 세종'이 아니라 '왕권과 신권을 조화롭게 만든 왕 세종' 등으로 말입니다.

판단은 어쩌면 우리 스스로가 하는 것인지도 모릅니다. 그리고 그러한 도덕적 판단이 오히려 역사를 파악하는 데 장애가 될지도 모릅니다. 선과 악의 이분법적 세계는 영화나 만화에서나 볼 수 있습니

다. 교과서 속 역사는 선과 악에 대한 판단을 내리는 것보다 '왜 그런 일이 일어나게 되었는가' 하는 원인을 찾기 때문에 도덕성과 윤리성에 대한 판단은 사라지게 됩니다.

물론 이런 도덕적 판단이 중요하지 않다는 것은 아닙니다. 제2차 세계대전 때 무고한 유대인 민간인을 대량 학살한 독일의 히틀러나 우리 민족에게 직·간접적으로 고통을 주었던 일본군을 도덕적 기준이나 윤리적 판단을 배제한 채 바라보기란 쉽지 않습니다. 일제 강점기 말기에 일본군 위안부로 끌려가 성노예로 온갖 고통을 겪은 위안부 할머니들의 증언을 들으면서 우리는 도덕적 잣대를 꺼내지 않을 수 없습니다. 또한 고대의 노예제와 같이 인간이 같은 인간을 잔인하게 짓밟은 수많은 역사를 그냥 덤덤하게 대할 수는 없습니다.

그만큼 역사에서 도덕적 판단은 중요한 것입니다. 다만 역사를 선과 악의 이분법으로 구분하다 보면 역사가 어떤 방향으로 왜 그렇게 진행되었는지 판단하기 어려울 때가 있다는 것입니다. 어떤 시대적 배경과 정치·경제적 구조 속에서 연산군이 등장했고 히틀러의 독재가 가능했는지 등을 살펴봄으로써 우리는 과거를 더욱 이해할 수 있습니다. 또한 향후 그러한 역사적 오류가 다시 나타나지 않도록 현재를 충실히 살아갈 수 있습니다.

과학과 역사

역사는 오늘날 우리 사회와 세계를 이해하는 하나의 창문 역할을 합니다. 그것은 현재까지 완성된 각종 정치·경제·사회·문화의 모습이 과거에서부터 차츰차츰 이루어져 온 결과물이기 때문입니다. 특히 현재를 이해하기 위해 우리는 과거에 무슨 일이 왜 일어났는가를 따져 보게 됩니다. 그런 면에서 역사를 탐구하는 것은 과학에서 원인을 찾는 것과 유사한 과정을 거칩니다. 역사가 과학과 비교되곤 하는 것은 이 때문입니다.

가장 유사한 점이라면 양쪽 모두 "왜?"라는 질문을 던진다는 것입니다. 시험을 생각한다면 역사는 암기 과목이라고 보는 것이 맞겠지만 역사만큼 이유를 따지는 학문도 드물 것입니다. 역사는 "왜 삼국 중에 신라가 통일을 이뤘을까? 왜 고려는 망하고 조선이 탄생하게 되었을까? 역사에서 반란은 왜 일어나는 것일까?" 등의 질문에서부터 출발합니다. 수많은 전쟁과 국가의 명멸, 그리고 다양한 개인의 활동을 움직이게 한 원인이 무엇인지를 찾는 것입니다. 그리고 언뜻 보면 사건의 지루한 나열처럼 보이는 교과서는 나름대로 이 '왜'에 대한 답을 보여 주면서 학생들이 좀 더 탐구할 수 있도록 유도하는 것이라고 할 수 있습니다.

또 다른 유사점은 과학적 진리와 역사는 모두 언제든 교체되고 극복될 수 있는 가설이라는 점입니다. 최근의 명왕성(冥王星, Pluto) 퇴출 사건을 예로 들어 봅시다. 1930년에 발견된 명왕성은 지구와 비슷한 크기의 행성으로 76년간 확고하게 행성으로서의 지위를 누렸습니다. 그렇지만 2006년 8월, 명왕성의 궤도가 불규칙하고 타원형이며 해왕성의 궤도와 겹친다는 이유로 인해 결국 행성의 지위를 박탈당하게 됩니다. 마찬가지로 역사에서도 고정된 정답이란 없습니다. 다만 수정과 반론과 검증이 필요한 가설이 존재할 뿐입니다. 앞에서 우리가 살펴보았듯이 기자조선은 19세기까지 역사적 사실로 받아들여졌지만 오늘날에는 인정받지 못하고 있습니다.

또 다른 예로 뉴턴(Isaac Newton, 1643~1727)의 '만유인력의 법칙'을 생각해 봅시다. 뉴턴은 자기 머리 위로 떨어진 사과를 보고 만유인력의 법칙, 즉 두 물질 사이에 자연스럽게 작용하는 힘을 발견하게 됩니다. 사과와 지구가 서로 끌어당기고 있다는 사실을 깨달으면서 지구와 물체 사이에 작용하는 만유인력의 방향은 물체가 어디에 있든 지구 중심을 향하게 되어 있다는 것을 알게 된 것이지요. 뉴턴의 발견은 20세기의 천재 과학자인 아인슈타인(Albert Einstein,

1879~1955)에 의해 좀 더 보완되었습니다. 뉴턴은 만유인력의 법칙을 발견하고 수학적으로 표현하였지만 중력이 왜 발생하였는지는 밝혀내지 못했습니다. 아인슈타인은 유명한 '상대성 이론'을 통해 질량에 의해 공간이 휘어지기 때문에 중력이 발생한다는 것을 밝혀 냈지요. 중력 발생의 이유가 20세기에 와서야 밝혀지게 된 것입니다.

역사도 마찬가지입니다. 기존의 역사 연구 성과에 더하여 오늘날 더 많은 역사적 원인과 사실이 밝혀지고 있습니다. 신라의 돌무지덧 널무덤에서 발견된 천마도(天馬圖)를 분석해 보면 그것이 자작나무 껍질에 그려진 것임을 알 수 있습니다. 또 다른 예로 고려청자가 발전한 이유는 도자기 찻잔에 차를 담으면 원적외선으로 인해 분자의 진동이 일어나 이것이 찻잎을 잘 우러나게 해서 맛을 더 좋게 해 준다는 사실을 고려인들이 알았기 때문입니다.

고조선의 영역을 알아보고 싶다면 고인돌이나 청동검과 같은 유물·유적의 분포 등을 통해 추론하는 것도 가능합니다. 또한 조선 후기 모내기법과 광작의 도입으로 경제적 차이에 기반한 사회가 형성되고 부자 농민, 즉 부농이 나타나 자본주의로 발전하는 계기가 되었다는 것도 알 수 있습니다. 농업 분야만이 아니라 상품경제의 발달 과정 등을 살펴보면 조선 후기를 새로운 관점에서 조명해 볼 수 있는 것입니다.

이런 식의 접근을 통해 우리 역사가 단순히 왕조의 순환을 거듭한 것이 아니라 고대에서 중세, 근대를 거쳐 오늘날에 이르렀음을 이해할 수 있게 됩니다. 결국 역사도 과학처럼 가설을 세우고 그것을 역사의

신라의 천마총에서 발견된 5세기 말의 장식화이다.

사실에서 확인하며 새롭게 이론을 정립하는 것이라고 할 수 있습니다.

'프로크루스테스의 침대'와 역사

과거 중·고등학교 역사 시간에는 왕조의 교체와 지배 과정, 그리고 일부 지배층의 역사만을 배웠습니다. 그러나 오늘날에는 고려에서 조선으로 넘어가는 시대만 보더라도 단순히 왕권이 교체되고 나라의 이름만 바뀐 것이 아니라 다양한 사회·경제적 변화가 동반되었음을 설명합니다.

물론 역사는 과학과 유사한 측면이 있지만 엄격하게 법칙을 적용하고 실험 결과를 가지고 미래를 예측하거나 하는 일은 여전히 논쟁 중입니다. 우리는 세계사적으로 '고대-중세-근대'로 이어지는 시대 구분법을 배웁니다. 그렇지만 이러한 시대 구분을 하나의 단일한 법칙으로 이해하고 그것을 모든 세계사에 똑같이 적용할 수는 없습니다. 그런데 이 법칙을 강요하면서 역사를 정치적으로 이용한 사례도 보입니다. 즉, 역사의 법칙이나 이론을 적용하여 다른 나라에 대한 지배를 정당화하는 경우가 있었던 것입니다.

그리스의 신화에는 '프로크루스테스의 침대(Procrustean Bed)'라는 것이 있습니다. 나쁜 도둑인 프로크루스테스는 매번 나그네를 자기 집으로 초대하여 하룻밤 묵고 가게 합니다. 그리고 침대를 하나 주는데 그 침대보다 키가 큰 사람은 다리를 자르고 작은 사람은 다리를 늘여 죽입니다. 결국 그리스의 영웅 테세우스(Theseus)에 의해 그

의 악행도 끝이 나고 맙니다.

프로크루스테스의 침대처럼 '고대-중세-근대'의 시대 구분과 발전 논리는 때론 보편성이라는 이름으로 각 나라의 고유하고 독자적인 역사 발전을 인정하지 않은 측면이 있습니다. 일본 제국주의에 의해 한반도가 식민 지배를 받을 때 일제는 세계사적인 법칙이라는 기준에 맞춰서 우리의 역사를 마음대로 재단했습니다. 예를 들어 일본은 서양처럼 근대화라는 법칙을 성공적으로 따른 문화선진국인데 반해 조선은 그렇지 못하다는 것입니다. 따라서 자신들이 우리를 식민지화해서 근대화시켜 준다는 명분을 만들어 냅니다. 대표적인 것이 조선 역사에 대한 '정체론'입니다. '정체'란 멈추어 있다는 뜻입니다. 발전이 없다는 것이죠. 고인 물은 썩기 마련입니다. 즉, 일본은 조선이 왕조의 교체를 되풀이하였을 뿐 사회·경제적 구조에는 아무런 발전이 없었고, 20세기 초 조선의 발전 상태가 일본의 고대 말기인 10세기경 수준에 머물러 있다고 주장합니다. 특히 조선은 근대 사회로 진입하는 과정에서 필연적인 봉건 사회가 형성되지 못하여 사회·경제적으로 낙후되었다는 것입니다. 다시 말해서 서구의 역사가 보편적으로 '고대 노예제-중세 봉건제-근대 시민사회'를 형성하는 과학적 법칙을 따르는데 조선은 그 법칙에서 벗어난 낙후된 나라라는 것입니다. 그래서 일본은 조선의 발전을 위해 선진 문물을 심어 주는 것이라는 논리를 내세우며 자연스럽게 식민화의 정당성을 주장합니다.

이러한 '프로크루테스의 침대'와도 같은 논리에 대해 정면으로 맞선 역사가들이 일제 강점기에 있었습니다. 역사가 백남운(白南雲, 1895~1974)과 정인보(鄭寅普, 1893~?)가 바로 그들입니다. 백남운은 정체성론과 같은 과학의 이름으로 포장된 일본의 왜곡된 역사관을 '사이비 합리주의'라고 비판한 후 조선에도 봉건제 사회가 존재했음을 이론적·실증적으로 증명하였습니다. 우리 역사도 서양이나 일본과 똑같지는 않지만 '고대-중세-근대'의 과정을 밟고 있다는 것입니다. 사실 그 어떤 나라의 역사도 똑같을 수는 없습니다. 또한 그는 조선에 스스로 자본주의로 발전할 수 있는 보편적인 역사 과정이 있었다는 것을 찾아서 알렸습니다.

정인보는 정약용 등이 주장한 실사구시의 정신에 입각해 새로운 개혁 사상으로 조선 후기 실학이 있었음을 역사적으로 증명합니다. 따라서 우리 역사는 우리 민족 고유의 사상을 통해 발전하였다는 것을 보여 준 것입니다. 또한 일제의 타율성론, 즉 우리 민족이 과거 고대에서부터 중국이나 일본의 지배를 받아 왔다는 논리에 대해서는 직접 고대사의 연구를 통해 단군조선에서 부여, 고구려를 거쳐 우리 나름의 독자적인 역사가 있었음을 입증하여 반박합니다.

역사는 어디로 향할지 아무도 모르는 인간들이 만들어 냈기 때문에 수많은 변수를 지닌 것입니다. 하나의 이론과 잣대를 들이대는 것만큼 어리석은 일도 없을 것입니다. 역사가 기존의 연구 성과를 토대로 더욱 세밀한 과거의 사실과 의미를 밝히는 데에는 과학적인 방법론—랑케처럼 사료를 전문적으로 검토하는 것—이나 가설을 세우고 계속해서 검증하고 관찰하는 과정이 필요합니다. 그럴 때 우리는 역사를 '과학적'이라고 부를 수 있을 것입니다. 더구나 역사는 늘 "왜?"라는 질문을 던지며 원인을 찾으려고 합니다.

그렇다고 역사가 과학과 동일한 것은 아닙니다. 그러므로 역사를 하나의 법칙하에 두고 미래를 예언한다는 것은 잘못된 생각일 수도 있습니다. 과거의 역사를 통해 미래를 대비할 수 있지만 그렇다고 미래가 결정된 것은 아니기 때문입니다. 역사를 통해 세계사적으로 비슷한 추세나 구조를 확인할 수 있을지는 모르지만 역사 자체가 반복되는 일은 결코 없기 때문에 법칙을 통해 미래를 예측한다는 것은 있을 수 없는 일입니다.

역사는 신화나 설화와 같은 이야기적인 특징과 함께 인과 관계를 찾는 과학과 같은 특징도 지니고 있습니다. 그것은 역사가 과거 인간의 행위를 탐구하여 그 결과를 좀 더 제대로 보여 주기 위한 노력의 산물이기 때문입니다. 따라서 역사는 다양한 형식을 띠고 있습니다. 그렇지만 역사는 사실이 아닌 것을 말할 수 없으며 미래를 정확하게 예측할 수도 없습니다. 역사는 언제든 진리를 탐구하며, 이를 위해 '왜'라는 질문을 쉼 없이 던지기도 합니다. 역사와 과학의 공통점과 차이점에 대해 다시 한 번 생각해 봅시다.

제4부

역사가와 역사책, 과거를 말하다

● 역사의 아버지들
● 근현대 역사학의 흐름
● 우리나라 역사학의 흐름

역사의 아버지들

프랑스의 한 사상가는 "역사야말로 모든 학문 중에서 가장 어려운 학문이다."라고 말하였습니다. 과거라는 망망대해에서 무엇을 역사로 기록할 것인지 그리고 어떻게 바라보고 이해할 것인지 결정하는 것이 쉬운 일은 아니라는 말입니다. 그리고 아무리 뛰어난 역사가라 하더라도 뉴턴이 말한 것처럼 바닷가에서 조개껍질을 가지고 노는 아이에 불과할지도 모릅니다. 왜냐하면 그가 발견한 역사적 진실과 진리란 아주 미미한 것이기 때문입니다. 여전히 우리 눈앞에는 거대한 인간의 역사가 말해 주는 진리가 아직도 베일에 싸인 채 우리를 기다리고 있습니다.

여기서는 앞에서 등장하였던 역사가와 그들이 남긴 역사책에 대하여 좀 더 자세히 살펴볼까 합니다. 역사가들은 어떤 눈으로 과거를 바라보았고 그들의 고민은 무엇이었으며 어떤 해법으로 역사의 비밀을 밝혀 왔는지도 알아보겠습니다.

　동양과 서양의 역사가들은 무엇을 기록하였을까요? 그리고 그들이 그 역사를 통해 남기고 싶었던 것은 무엇이었을까요? 우리는 이미 헤로도토스와 사마천이 과거의 흔적을 찾아 여행을 떠난 역사가라는 것을 알고 있습니다. 이들은 각기 서양과 동양에서 역사의 아버지라고 불립니다. 먼저 이들에 대해 자세히 알아봅시다.

서양의 헤로도토스

　헤로도토스(Herodotos)는 고대 그리스의 역사가로서 로마 시대에 벌써 '역사의 아버지'라는 별명을 얻었습니다. 그는 고대 그리스의 도시 할리카르나소스(Halikarnassos)에서 태어났습니다. 그가 언제 태어나고 죽었는지는 확실하지 않습니다. 그저 기원전 5세기의 인물로 페르시아 전쟁과 맞물린 시기에 태어나고 그 이후에 죽은 것으로 알려져 있습니다. 그는 『역사(The Histories, 그리스어로는 Historiai)』를 쓰기 위해 당시로서는 상상할 수 없을 정도로 머나먼 여행을 떠납니다. 당시에 차나 비행기가 있었던 것도 아닌데 한두 군데의 도시나 산을 여행한 것이 아니라 아시아, 아프리카, 유럽 등 엄청난 거리를 여행하였습니다. 거의 탐험 수준에 가까웠는데, 이를 통해 그가 밝히고 싶었던 것은 딱 하나였습니다. 바로 페르시아 전쟁의 원인이 그것입니다. 전체 9권으로 이뤄진 『역사』 첫 대목에 그는 다음과 같이 밝혔습니다.

　"이 책은 할리카르나소스 출신의 헤로도토스가, 인간계의 사건이

✿ **할리카르나소스 (Halikarnassos)**
오늘날의 터키 남서부 보드룸이다.

시간이 흘러감에 따라 잊혀져 가고 그리스인과 이방인(페르시아)이 이룬 놀라운 위업들, 특히 그들 사이에 벌어진 전쟁의 원인과 과정을 세상 사람들이 알지 못하게 될 것을 우려하여, 스스로 연구·조사한 바를 서술한 것이다.”

이 책의 주요 내용은 그리스와 페르시아 간의 전쟁에 대한 것입니다. 아테네의 중장 보병군이 마라톤 평야에서 승리를 거둔 ‘마라톤 전투’, 스파르타의 레오니다스(Leonidas, ?~BC 480)가 이끈 300명이 전사한 것으로 유명한 ‘테르모필레 전투’, 그리고 테미스토클레스(Themistocles, BC 528~BC 462)가 이끈 그리스 해군이 승리한 ‘살라미스 해전’이 모두 이 책에 실려 있습니다. 하지만 헤로도토스는 전쟁의 원인을 찾는 것이 무엇보다 중요했습니다. 따라서 책은 먼저 그리스 인의 입장에서는 길게 느껴질 정도로 많은 부분을 페르시아라는 제국이 성립하게 된 과정을 설명하는 데 할애했습니다. 다리우스가 왕이 되기까지의 페르시아 제국에 대하여, 그리고 그리스와 페르시아 간에 벌어진 전쟁에 대해 자세하게 담았습니다. 또 전쟁이 끝난 후 페르시아의 상황과 아테네 중심으로 재편되는 그리스까지 다루었습니다.

사실 『역사』는 어렸을 적에 본 『플루타르코스 영웅전(Bioi Parallèloi)』이나 영화 〈300〉만큼 극적으로 재미있지는 않습니다. 그렇지만 이 책을 통해 우리는 당대 페르시아의 종교, 사회, 문화 등이 어떠했는지 엿볼 수 있습니다. 또한 아직까지 전해지는 당시의 유명한 전투들이 어떻게 펼쳐졌는지에 대해 신화가 아닌 실제 있었던 역사적 사실로서

대면할 수 있습니다.

　헤로도토스는 페르시아의 풍습에 대해 우상을 비롯하여 신전이나 제단을 세우는 풍습이 없고 오히려 그렇게 하는 자를 어리석게 여긴다고 적고 있습니다. 또 그는 그 이유를 페르시아 인들은 그리스 인이 생각하는 것처럼 신을 인간과 같은 성질의 존재라고 생각지 않기 때문이라고 자신의 생각을 적어 놓았습니다. 인간처럼 질투와 사랑의 감정을 품기도 하는 그리스 특유의 신과는 다르다는 것입니다. 그는 "페르시아 인은 하늘 전체를 제우스라 부르고, 높은 산에 올라가 제우스에게 제물을 바치며 제사를 지내는 풍습을 갖고 있다."고 적고 있습니다. 페르시아의 주신은 불을 상징하는 광명의 신이자 세계의 창조자로 불리는 '아후라 마즈다(Ahura Mazdah)' 입니다. 어둠을 몰아내고 불처럼 빛으로 이 세상을 만들었다는 이 신은 훗날 기독교를 비롯한 많은 종교에 영감을 불어 넣었다고도 알려져 있습니다. 그리스 인 헤로도토스는 이 아후라 마즈다를 그리스의 신인 제우스처럼 묘사하고 있습니다. 오늘날에 우리는 이것이 명백한 오류라는 것을 알지만 헤로도토스는 자신의 입장에서 역사를 기록한 것뿐입니다. 그리스 인의 눈에 비춰진 페르시아의 모습이기 때문입니다. 역사가의 주관이 개입된 것이지요.

　그는 아테네가 그리스에서 강국으로 남아 있게 된 원인을 '자유와 평등' 때문이라고 강하게 주장했습니다. 왕에 의해 지배되는 제국 페르시아와 비교가 되는 부분입니다. 그는 "아테네는 독재하에 있었을 때는 전투력의 면에서 어떤 나라도 능가하지 못했었지만, 일단

독재자로부터 해방되고부터는 다른 모든 나라를 누르고 최강국으로 발돋움했다."라고 서술하였습니다.

　마라톤 전투에 대한 서술에서는 아테네 군의 대형과 페르시아 군과의 전투 장면을 자세히 기록하였습니다. "페르시아 군은 아테네 군이 구보로 육박해 오는 것을 보고 맞서 싸울 태세를 갖추고 있었는데, 수도 적고 게다가 기병도 궁병도 없이 구보로 공격해 오는 아테네 군을 보고는 멸망을 자초하는 미친 행위라고 생각했다. 그럼에도 불구하고 대 페르시아의 모든 전선에 걸쳐 침공한 아테네 군은 문자 그대로 눈부신 활약상을 보였다."는 내용으로 시작합니다. 이어 팔랑크스(Phalanx)라고 불리는 아테네의 중장보병이 양 날개 쪽에서 승기를 잡고 중앙의 페르시아 군을 격파한 전투 장면을 묘사하였습니다. 또 페르시아 대군의 핵심인 불사부대(不死部隊, Immortal)에 관한 대목을 보면 대원 중 누군가가 사망하거나 병에 시달려 어쩔 수 없이 결원이 생길 경우에는 곧 대행자가 선발되어 보충되었다는 설명이 나옵니다. 그리하여 대원의 수가 언제나 1만 명을 넘거나 모자라지 않고 일정했다는 것입니다.

　한편, 스파르타의 레오니다스가 이끈 '테르모필레 전투'에 대해서도 자세한 내용이 나옵니다. 300명에 불과한 스파르타 군이 테르모필레의 길목에 있는 산의 좁은 통로에서 페르시아 군을 맞아 웃통을 벗어 던지고 운동 연습을 하거나 머리를 다듬으며 태연히 기다리고 있었다는 내용이 나옵니다. 결국 산의 샛길을 통해 테르모필레로 통하는 다른 길을 확보한 페르시아 군에 의해 전멸당했지만 300명의 스파르타 군은 『역사』에서부터 이미 신화적인 존재로 서술되고 있습니다. 훗날 16세기 프랑스의 사상가 몽테뉴(Michel Eyquem de Montaigne, 1533~1592)가 "그리스가 다른 전쟁에서 거둔 모든 승리를 다 합친다 해도 레오니다스 왕과 그의 스파르타 병사들이 테르모필레 협로에서 패한 영광의 전투 하나에도 미치지 못한다."라고 할 정도로 스파르타의 300명은 큰 명성을 얻게 됩니다. 무엇보다 오늘날의 서양 문화의 뿌리가 되는 그리스를 지킨 전투라는 역사적 의의 때문일 것입니다. 헤로도토스는 스파르타 인의 분전은 실로 후세에 전할 만한 기념비적인 것이라고 평하였습니다. 그는 그들이 페르시아 군이 나타나면 언뜻 도망가는 듯이 후퇴하다 별안간 방향을 바꿔 상대편을 궤멸시킨 작전으로 테르모필레를 지켜냈던 점을 상세히 적고 있습니다. 정확하게 300명 중 298명의 스파르타 군이 결국 전

사합니다. 살아남은 두 명은 심한 눈병으로 전투 전에 다른 곳으로 이동했다고 헤로도토스는 전합니다.

이러한 전투 외에도 『역사』에는 당시 여행을 통해 세계를 파악한 헤로도토스의 역사관이 잘 나타납니다. 그는 이 책에서 페르시아를 비롯해 아시아 지역을 묘사하면서 인도에서 더 동쪽으로 가면 무인 지대이며, 그 정황에 대해 말할 수 있는 사람이 한 사람도 없다고 말했습니다. 헤로도토스는 당시의 한계로 인해 동남아시아를 비롯해 중국, 일본 그리고 우리나라에 대해 파악하지는 못하였습니다.

헤로도토스가 이 책을 쓸 때 자료로 수집하고 활용한 대부분은 그때까지 전해 내려오는 전설이나 전승되어 온 이야기였습니다. 실제 헤로도토스 자신이 직접 보고 들어 확인한 사실은 전체의 일부분에 불과하다고 합니다. 심지어 그는 그리스 신전에서 나온 예언이나 신탁들도 역사로 인정하고 서술하였습니다. 그래서 훗날 많은 비판을 받기도 합니다. 증거가 불충분하다는 것이지요. 이에 대해 그는 "이 책을 통해 내가 취하고 있는 원칙은 각각의 사람이 말하는 바를 들은 그대로 서술하는 것이다."라고 명시하였습니다. 그리고 "내 의무는 전해지고 있는 것을 그대로 전하는 것이지만, 그렇다고 해서 그것을 전적으로 믿어야 할 의무가 내게 있는 것은 아니다."라는 말로 정리하였습니다.

결국 상당 부분 들은 이야기, 즉 구전에 의존해 쓰인 『역사』에서 나타난 그의 역사가적인 태도는 무엇보다 실제 일어난 일에 대한 정보 수집, 그리고 이에 대한 자신의 평가 등으로 요약할 수 있을 것입니다. 그는 자신이 들은 이야기 중에 의심이 가는 부분에 대해서는 상반되는 두 이야기를 모두 싣거나 "내가 ~라고 들었다."라고 반드시 밝혀 두었습니다. 그는 역사를 단순한 이야기 수집이 아니라 하나의 원인을 밝혀내는 작업으로 여겼기 때문입니다. 그리스어 'Historiai'의 원뜻 그대로 역사 자체가 진실에 대한 탐구이므로 비록 증거 불충분의 면모가 보이더라도 그가 역사가적인 탐구 정신으로 이 책을 서술한 것은 분명 부인할 수 없을 것입니다.

동양의 사마천

동양에서 역사의 아버지라고 불리는 이는 바로 사마천(司馬遷)입니다. 사마천은 중국 한(漢)나라의 역사가입니다. 헤로도토스보다 300년 후에 나타난 인물로 동양에서 역사의 아버지라고 불리우는 역사가입니다. 그는 비단길을 개척한 장건(張騫, ?~BC 114)과 동시대 인물입니다. 그가 살던 시대의 왕이었던 한무제(漢武帝, BC 156~BC 87)는 전한의 제7대 황제로서 우리나라 최초의 국가인 고조선을 멸망시켰습니다. 이러한 시대에 살았던 사마천은 아버지의 유언에 따라 중국의 역사를 쓰기로 결심하고, 30대에 집필을 시작하여 19년 동안 『사기(史記)』를 완성합니다. 이 책의 원 제목은 『태사공서(太史公書)』입니다. 태사공, 즉 사마천 자신의 책이라는 뜻입니다. 그 내용은 중국의 전설 시대부터 사마천이 살고 있던 중국 한나라 무제 때까지의 역사를 모두 담았습니다.

이렇게 방대한 역사를 담다 보니 그는 당연히 역사를 어떻게 쓸 것인지 고민할 수밖에 없었습니다. 그가 채택한 방식은 '기전체(紀傳體)'라는 것이었습니다. 이는 사건을 시간의 순서대로 쓰는 방식, 즉 동양에서 편년체(編年體)라고 부르는 방식과는 전혀 다른 방식이었습니다.

'기전체'라는 역사 서술 방식은 훗날 우리나라 역사서인 『삼국사기』와 조선 시대 편찬된 『고려사(高麗史)』 등에도 적용되므로 잠깐 소개해 볼까 합니다. '기전체'는 말 그대로 기(紀)와 전(傳)을 중심으로 역사를 쓰는 것입니다. '기'는 '본기(本紀)'를 말합니다. 당시 중국이라는 나라의 근본은 왕이었으므로 왕들과 관련된 이야기만 모아 놓은 정치사입니다. 진시황제(秦始皇帝, BC 259~BC 210)나 항우(項羽, BC 232~BC 202)를 누르고 나라를 세운 한고조(漢高祖, BC 247~BC 195) 등이 여기에 등장합니다. 장기에서 초록색은 초(楚)나라, 빨간색은 한(漢)나라를 가리킵니다. 진시황제가 죽고 난 후 분열된 중국을 놓고 자웅을 겨룬 초나라의 항우와 한나라의 유방과의 대결을 장기판에서 만날 수 있는 것입니다. 역사에서는 유방, 즉 한고조가 이깁니다. 그렇다면 당연히 이 본기에서 항우는 빠져야 하겠지만 사마천은 왕이 아닌 패배자 항우를 '본기'에 서술하였습니다. 비록 역사의 패배자이지만 왕의 위치에서 평가해야 할 인물이라고 판단했기 때문입니다.

기전체의 '전'은 '열전(列傳)'을 말합니다. 열전은 개인들의 전기와 같은 것입니다. 왕은 아니지만 당대에 명성을 떨치거나 사마천이 반드시 기록할 만한 가치가 있다고 판단한 사람들에 대한 역사입니다. 『사기』에서 열전은 「백이열전」에서 시작해 총 70편이 담겨 있습니다. 맨 먼저 사마천이 선택한 인물은 백이(伯夷)와 숙제(叔齊)입니다. 이 둘은 형제인데 고죽국(孤竹國)이라는 나라의 왕자들로 왕이 되기를 거부한 인물들입니다. 훗날 무왕(武王, ?~BC 1043)이 은(殷)나라를 멸하고 주(周)나라를 세우자 그들은 비록 그것이 대의명분에 맞는 일이라 하더라도 인의(仁義)에는 맞지 않다고 하여 주나라의 곡식 먹기를 거부하고 산 속으로 숨습니다. 결국 고사리를 캐어 먹다 굶어 죽게 됩니다. 그들은 훗날 공자(孔子, BC 551~BC 479)에 의해 군자로 칭송받게 됩니다. 사마천은 왕의 자리를 스스로 마다하고 자신의 절개를 지키다 죽음을 자초한 그들이 역사의 한 장을 차지할 만하다고 여긴 것입니다.

이 외에도 열전에는 학자, 자객, 사기꾼, 점술가, 재벌, 열사 등 엄청나게 다양한 인간 군상이 소개되어 있습니다. 유교를 만든 공자와 그의 제자들, 관포지교(管鮑之交)로 유명한 관중(管仲, ?~BC 645), 한 고조를 도와 중국을 통일시킨 한신(韓信, ?~BC 196)과 장량(張良, ?~BC 168), 손자(孫子)와 오자서(伍子胥, BC 526~BC 485) 같은 병법가들까지 다양한 인물들이 나옵니다. 그래서 이 책을 권력자가 읽으면 지배의 원리를 알게 되고, 반역자가 읽으면 저항의 논리를 배우며, 은둔자가 읽으면 인생의 허무를 감지하게 된다는 말이 있을 정도입니다.

이 책에는 우리와 관련된 역사, 즉 고조선에 대한 부분도 따로 있습니다. 열전의 55번째에 「조선열전(朝鮮列傳)」이 등장합니다. 위만과 그의 손자 우거왕(右渠王, ?~BC 108)에 대한 부분입니다. 오늘날 우리 역사학자들은 위만조선부터 철기 시대였다고 봅니다. 그리고 우거왕 때 한무제의 공격으로 고조선이 망하고 한사군(漢四郡)이 설치되었다고 알려져 있습니다. 바로 그 부분에 대한 중국 쪽의 기록인 것입니다. "조선왕 위만은 본래 연(燕)나라 사람이다."로 시작하는 이 열전에서는 위만이 조선으로 넘어오게 된 과정, 왕이 되는 과정, 그리고 훗날 우거왕이 한무제와 맞서 싸운 과정 등이 나옵니다.

여기서 한나라와 조선의 경계로 패수(浿水)라는 강이 등장합니다. 어떤 학자들은 이 패수라는 강을 대동강(大同江)으로 보고 고조선이 평양 중심으로 한반도에 있었던 국가라고 보기도 합니다. 또 다른 학자들은 그 강이 중국의 대릉하(大凌河)라는 강을 지칭하며 고조선

은 한반도가 아니라 중국의 요동(遼東) 지역에 중심을 둔 국가였다고
도 봅니다. 만약 고조선이 만주나 그와 가까운 중국 땅에 중심을 둔
국가라면 이후 고조선을 멸망시키고 등장한 한사군도 한반도에 위
치한 것이 아니게 됩니다. 그리고 고구려가 이를 몰아내는데 그렇다
면 고구려의 역사도 한반도가 아닌 중국 대륙 중심으로 봐야 할 수
도 있습니다.

이렇게 고조선과 관련된 기록 때문에 사마천의 『사기』는 우리에게
도 중요한 사료가 됩니다. 당시 고조선은 중국 한나라의 지배나 간
섭에서 벗어나 독자적인 국가로 존재한 듯합니다. 이 「조선열전」에
는 "원래 조선에서는 일찍이 입조해 천자를 뵈러 온 적이 없었다.
(중략) 한에서는 섭하(涉何)를 파견해 우거에게 귀순하라고 타일렀지
만 우거는 듣지 않았다."라는 부분도 나옵니다.

사마천이 마지막으로 선택한 것은 「화식열전」입니다. 화식(貨殖)은
재물을 늘리는 것으로 바로 경제와 관련된 것입니다. 그는 이 화식
열전 말미에 자신의 생각을 덧붙여 다음과 같이 말합니다. "부를 얻
는 데는 일정한 직업이 없다. 재물의 주인이 따로 있는 것도 아니다.
재능 있는 자에게는 재물이 집중하고 못난 자 앞에서 홀연히 흩어진
다. 천금의 부자는 한 도시를 지배하는 제후와 맞먹고 거만(巨萬)의
부호는 왕자의 즐거움을 누린다. 그들이야말로 무관의 제후라 할 만
하지 않은가." 이렇게 사마천은 역사에서 경제가 중요한 부분을 차
지한다는 것을 잘 알고 있었던 것입니다.

지금까지 기전체와 관련되어 본기와 열전을 설명하였습니다. 좀

더 정확하게 『사기』의 구성을 보면, 왕들의 역사를 담은 '본기', 연대를 담은 '표', 예의와 음악과 역법 등 당대 문물을 소개한 '서', 그리고 왕을 보필한 신하들의 역사를 담은 '세가', 그리고 인물들의 전기를 담은 '열전'이 순서대로 등장합니다. 이 구성을 알면 훗날 김부식의 『삼국사기』 또한 좀 더 이해하기 쉬울 것입니다. 참고로 김부식의 『삼국사기』에는 신라의 박혁거세에 관한 내용이 '본기' 처음에 등장하고 '열전'에서 가장 비중 있게 다루는 인물은 신라의 김유신입니다.

종이도 없던 시절에 52만 6,500자로 이루어진 130권의 방대한 양의 『사기』를 집필하면서 사마천은 정치적인 사건에 휘말려 갖은 고초를 겪기도 했습니다. 한의 장수인 이능(李陵)이라는 이가 흉노군과 싸움에서 1만의 적을 베고도 8만 대군에 포위되어 항복한 사건이 일어났습니다. 당시 한무제는 격노하여 이능을 문책하는데, 사마천은 이능을 변호하다 오히려 투옥되고 궁형을 선고받았습니다. 다행히 목숨을 건진 그는 여기서 좌절하지 않고 끝까지 이 책을 서술했습니다.

훗날 친구에게 보낸 편지에서 그는 "역사에서 활약했던 인간의 행동을 성찰하고 그 진상을 추구해 왕조의 흥망성쇠를 대국적으로 바라봄으로써 성공과 실패의 이치를 구명해 130권의 저술로써 완성시킬 결심을 했소이다. 이 저술을 완성하지 못한 채 죽는다는 것은 오로지 아깝고 억울하다는 마음뿐이어서 궁형이라는 극형도 감수하고 말았소이다."라고 소회를 밝혔습니다.

그는 무엇보다 인간의 흥망성쇠와 관련된 역사를 사실에 입각해
기술하되 책의 마지막에 자신의 평가를 집어넣는 것을 잊지 않았습
니다.

헤로도토스의 『역사』는 주로 그리스와 페르시아의 전쟁과 관련된 내용을, 사마천의 『사기』는 한나라까지의
중국 역사를 담고 있습니다. 그들이 '역사의 아버지'라고 불리게 된 것은 과거 사실에 대한 탐구를 게을리
하지 않았기 때문입니다. 또한 그들은 자신들이 바라보는 역사의 원인을 찾기 위해 끊임없이 노력하였다는
점을 인정받았습니다. 고대 이후 동서양의 역사를 기록한 역사가들은 어떤 이들이 있는지 찾아봅시다.

근현대 역사학의 흐름

헤로도토스와 사마천으로부터 시작된 서양과 동양의 역사학은 오랜 전통을 지니고 있습니다. 그렇지만 오늘날 우리가 학교에서 정식으로 배우는 '역사'라는 과목은 생긴 지 200년 정도밖에 안 된 학문입니다. 이것은 무엇을 뜻하는 것일까요?

서양에서는 헤로도토스 이후 로마 시대에 이미 타키투스(Publius Cornelius Tacitus, 55~117)의 『게르마니아(Germani)』나 카이사르의 『갈리아전기(Commentarii de Bello Gallico)』와 같은 역사책이 등장합니다. 동양에도 사마천 이후 반고(班固, 32~92)의 『한서(漢書)』나 사마광(司馬光, 1019~1086)의 『자치통감(資治通鑑)』과 같은 역사책이 있습니다. 그런데 역사학이 생긴 지 얼마 되지 않는다고 말한다면 무슨 의미일까요?

오늘날 우리가 접하는 역사란 사료에 대한 비판적 검토와 유물, 유적 등의 발굴 그리고 과학적인 분석과 학자들 간의 토론 등을 통하여 인간의 과거를 밝히는 하나의 독립적인 학문입니다. 이런 형태의 '역사학'은 고대와 중세를 거쳐 근대에 와서야 정립되었습니다. 그 전까지 역사는 엄밀한 과학적 방법론이 적용된 하나의 학문이 아니라 신학과 문학에 소속된 분야였습니다. 그런 역사가 체계적이고 독립된 학문으로 탄생하게 된 것은 바로 랑케의 등장 이후부터입니다. 앞에서 살펴본 것처럼 '객관적인 사실'을 탐구하는 학문으로 역사학이 형성된 것입니다.

지금부터는 이러한 근대적인 학문으로서 오늘날 우리가 중 · 고등학교와 대학에서 배우는 '역사학'은 어떻게 과거를 보았으며 역사를 서술하였는지에 대하여 살펴볼까 합니다.

또 랑케로 대표되는 '객관적인' 역사와 E. H. 카가 말하는 '과거와 현재의 대화'로서의 역사를 알아보고, 그 외에도 최근 역사학의 새로운 경향으로 대표되는 미시사까지 굵직한 흐름 몇 가지를 알아보겠습니다.

근대 역사학의 과학적 방법론 : 랑케

먼저 근대 서구에서 역사학을 체계화시킨 랑케(Leopold von Ranke)에 대해서 살펴봅시다. 그는 19세기에 역사가로 명성을 날린 학자입니다. 그는 고대 그리스 · 로마의 서양 고전학을 공부하였으며 이를 바탕으로 독일의 고등학교에서 라틴어와 고대 문학사를 강의하기도 했습니다. 1824년 『라틴 및 게르만 제 민족의 역사 1494~1514

(Geschichte der romanischen und germanischen Volker von 1494 bis 1514)』를 출간하며 역사가로서의 명성을 쌓습니다. 이 책에서 그는 사료에 대한 비판적 검토를 통해 유럽 정치의 기본 요소로 근대 국가 체제가 출현하였으며 15세기 말부터 16세기 초까지 이탈리아 전쟁(Italian War)을 통해 국가 간의 세력 균형이 이뤄졌음을 서술하였습니다.

무엇보다 이 책이 유명세를 타게 된 것은 그가 여기서 역사 서술의 원칙으로 1차 사료의 중요성을 알리고 그를 통해 역사를 봐야 함을 분명히 밝혔기 때문입니다. 역사를 통해 과거를 판단하거나 교훈을 찾는 것이 아니라 실제 역사가 어떻게 일어났는지를 보여 주는 것이 역사가의 올바른 태도라는 것입니다. 역사가는 과거 사실과 사건에 대한 가치판단, 즉 해석과 평가를 잠시 뒤로 미뤄야 한다는 것입니다. 그는 한 걸음 더 나아가 "다만 사실로 하여금 말하게 한다."는 입장을 피력합니다. 그래야만 역사가 하나의 객관적 학문이자 과학처럼 공정하고 정확하게 존재할 수 있다고 본 것입니다. 역사가가 그저 과거 사실만 보여 주더라도 진실은 자연스럽게 드러날 수 있다는 것입니다.

이를 위해 그는 답사를 가거나 사람들이 전하는 이야기를 듣는 것이 아니라 문서보관소로 향합니다. 역사의 객관적 증거인 1차 사료를 구하기 위해서입니다. 당시 19세기 유럽에서는 각국의 미공개 문서를 공개하는 것이 대세였습니다. 따라서 랑케는 그렇게 공개된 1차 사료만 제대로 보아도 역사의 진실은 충분히 드러날 수 있다고 여겼습니다. 그런데 이러한 문서를 제대로 읽기 위해서는 우선 유럽의 다양한 언어를 읽을 수 있는 전문적 지식이 있어야 합니다. 또한 그 속에 숨어 있는 오류나 편견을 비판적으로 볼 수 있는 전문적 식견이 필요합니다. 이러한 작업을 랑케는 역사가라면 반드시 할 수 있어야 한다고 보았기 때문에 그 스스로도 엄격한 지적 훈련 과정을 거쳤습니다. 그리고 1차 사료를 전문적, 비판적으로 검토했습니다.

이렇게 역사를 보는 그의 전문적이고 객관적인 시각에서 우리는 과학적 방법론을 읽을 수 있습니다. 또한 그는 역사를 신학이나 철학, 문학과 달리 증명이 가능하고 있는 그대로 볼 수 있는 대상으로 여겼기에 랑케를 '근대 역사학의 아버지'라고 부르는 것입니다. 랑케가 주장한 것을 '과학적 역사학'이라고도 부릅니다.

그는 과학적인 방법론을 통하여 그 이전의 신학과 문학 속의 역사를 하나의 독립된 학문으로 정립했습니다. 그의 입장에서 역사란 객관적인 사실을 기록하여 그 속에서 진실이 드러나도록 하는 것입니다. 그런 그의 눈에 비친 역사란 주로 정치사였으며 국가 정세나 외교 관계 등이 대부분의 내용을 차지하고 있었습니다. 이러한 내용에 대하여 문서보관소에 소장된 사료를 비판적으로 검토하여 역사를 서술하는 것이 랑케의 역사학입니다. 그런데 여기에 대해 다른 의견을 내세운 E. H. 카라는 역사가가 등장합니다.

현재와 과거의 끊임없는 대화 : E. H. 카

E. H. 카(Edward Hallett Carr)는 20세기 영국의 역사가입니다. 그는 인간의 이성에 대한 믿음이 있었고 역사는 진보한다는 생각을 가졌습니다. 그는 『역사란 무엇인가』를 통해 역사 속의 개별 사건과 사실을 알기 전에 먼저 우리가 역사를 어떻게 정의하고 바라보아야 할 것인가에 대해 자신의 생각을 정리하였습니다. 원래 대학 강연으로 구성된 이 책은 6가지 큰 주제로 구성되어 있습니다. E. H. 카가 규정한 역사의 정의, 즉 "역사는 과거와 현재의 대화이다."라는 유명한 말은 이 책의 제1장 '역사가와 그의 사실' 말미에 등장하는 어구입니다.

앞에서 랑케는 객관적인 역사를 강조하였습니다. 그에게 타임머신이 있다면 역사라는 학문은 아마 더 이상 존재의 의미가 없을 것입니다. 하지만 E. H. 카는 과거를 자유롭게 넘나들 수 있다고 하더라도 그것이 역사를 대체할 수는 없다고 코웃음칠지도 모릅니다. 그에게 중요한 것은 과거의 수많은 사실을 그대로 복원하는 것이 아닙니다. 그중에서 역사가가 자신의 역사 연구에 의미 있다고 '선택'한 사실만이 역사가 되기 때문입니다. 따라서 랑케와 같이 옛 사료에 씌어 있는 사실을 숭배하는 것은 E. H. 카에게는 이해할 수 없는 일인 것입니다. 왜냐하면 그 문서 속의 사실 또한 최초의 기록자에 의해 선택된 것이기 때문입니다. 따라서 역사가에게 사료는 필수적이지만 숭배의 대상은 아닙니다. 사료가 의미를 갖는 것은 그것이 중요하다고 판단하고 어떤 사건이나 사실의 결정적 원인이라고 판단한 역사가의 선택과 해석 때문입니다. 따라서 E. H. 카는 랑케와는 전혀 다른 역사관을 가지게 되는 것입니다.

신문을 예로 들어 봅시다. 어제 있었던 모든 일들이 다음날 신문에 전부 등장하는 것은 아닙니다. 신문을 발행·편집하는 이들이 그중에서 반드시 독자들에게 소개해야 하겠다는 일을 싣는 것입니다. 그리고 사건 중에서 어떤 것은 신문의 머릿기사로 실리는가 하면 어떤 사건은 서너 줄에 불과한 정도로만 실리는 것도 있습니다. 역사도 마찬가지입니다. 무수히 많은 과거 사실 중에서 역사가에 의해 '선택' 된 것이 역사적 가치를 가지게 되는 것입니다. 이를 E. H. 카는 "역사가와 역사의 사실은 서로에게 필수적이다. 자신의 사실을 가지지 못한 역사가는 뿌리가 없는 쓸모없는 존재다. 마찬가지로 자신의 역사가를 가지지 못한 사실은 죽은 것이며 무의미한 것이다." 라고 말하였습니다. 따라서 역사란 역사가와 그가 선택한 사실들의 상호작용, 즉, 현재와 과거의 끊임없는 '대화' 인 것입니다.

『역사란 무엇인가』에서는 이외에도 우리가 역사를 바라볼 때 어떤 관점을 가져야 하는지에 대해 토론해 볼 수 있는 거리들을 많이 다루고 있습니다. 역사를 '개인 중심으로 볼 것인가' 아니면 '사회를 중심으로 볼 것인가' 하는 논의에서부터 역사 속의 우연과 필연, 과학으로서의 역사, 진보로서의 역사 등 다양한 주제가 나옵니다. 이 속에서 E. H. 카는 역사가와 사실, 개인과 사회, 우연과 필연, 보수와 진보 등의 역사적 난제를 하나하나 따로 분리하거나 혹은 이 중한 가지만을 강조할 수 없음을 책 전체를 통해 주장하고 있습니다.

'상호적인 관계'를 먼저 파악하라는 것입니다. 결국 E. H. 카는 천재조차도 시대의 산물로 보는 것이 옳다고 주장하며 우연을 인정하기보다는 필연적 원인, 그 중에서도 가장 궁극적인 원인을 찾는 것이 역사가의 역할이라고 봅니다. 그리고 역사는 진보하는 것이며 역사가는 미래에 대한 나름의 전망을 세울 수 있어야 한다고 주장하고 있습니다. 왜냐하면 과거를 다루는 역사가는 미래를 예측하고 이해할 때 비로소 객관성에 접근할 수 있다고 보았기 때문입니다.

랑케와 E. H. 카가 "역사를 어떻게 쓸 것인가."에 대하여 나름의 방법을 제시하였다면 역사 속 보이지 않는 힘을 찾으려는 역사가들도 있습니다. 토인비의 경우 역사 연구의 대상으로 민족이나 국가가 아닌 '문명'을 택하였고 그 속에서 역사를 움직이는 힘이란 '도전과

응전'이라고 파악하였습니다. 한편 마르크스는 정치가 아닌 경제가 인간사를 결정짓는다고 보았습니다. 그는 역사 발전의 법칙을 과학적으로 설명하려 시도하였는데, 마르크스에게 역사의 원동력이란 곧 경제적인 '생산력(生産力)'이었습니다. 토인비와 마르크스는 세계사를 구조적으로 파악하면서 그 배후에 숨어 있는 역사의 결정 요인을 찾으려고 했다는 공통점을 가지고 있습니다. 이 두 사람의 역사에 대한 생각을 좀 더 알아봅시다.

도전과 응전의 역사 : 토인비

토인비(Arnold Joseph Toynbee, 1889~1975)는 영국의 역사학자로 주로 20세기에 활동하였습니다. 대표작으로는 문명을 비교 연구하여 쓴 『역사의 연구(A Study of History)』가 있습니다. 그에게 역사 연구의 기본 단위는 이집트 문명이나 인더스 문명과 같은 '문명(文明)'입니다. 그는 원시 시대부터 지금까지 있었던 20여 개의 문명권을 비교·연구하여 세계사의 내적인 구조를 파악하려고 시도했습니다. 그는 세상의 모든 문명은 탄생에서 성장까지의 창조적인 과정과 점차 쇠퇴하여 멸망해 가는 과정을 밟는다고 보았습니다.

우선 한 문명이 탄생하여 성장하기까지는 그 문명에 닥치는 '도전(Challenge)'에 대한 성공적인 '응전(Response)'이 있다고 합니다. 여기서 '도전'은 내부에서 올 수도 있고 외부에서 올 수도 있습니다. 예를 들면 이집트 문명이 성장하는 데에는 나일강의 범람이라는 외부의 도전이 있었습니다. 인간이 새로운 것을 창조하는 데에는 적절하면서도 자극적인 도전이 있어야 한다는 것입니다. 여러분도 학업이든 스포츠든 도전자가 생기면 더욱 열심히 하게 되지 않습니까?

토인비가 보기에 가장 중대한 도전은 그 문명 내부에서 나오는 것이었습니다. 사람들은 흔히 자신과의 싸움이 가장 힘겹다고 말합니다. 토인비도 내부에서 생기는 정치적 갈등이나 사회·경제적 분열 등이 가장 위협적인 도전이라고 보았습니다. 그는 문명이 계속 성장하려면 새로운 도전에 대한 응전에 계속 성공해야 하며 그 힘의 원천으로 '창조적 소수자'를 꼽습니다. 이 창조적 소수자들의 리더십이 나머지 사회 구성원 대다수에게 받아들여지면 그 문명은 계속 발전한다는 것입니다. 그런데 대중이 이 창조적 소수자들의 리더십을 받아들이지 못하거나 새롭게 닥쳐오는 도전에 대응하는 창조적 소수자들의 방식이 예전과 다름없다면 결국 문명은 쇠퇴하게 됩니다. 결국 문명의 쇠퇴란 외부에 있는 것이 아니라 내부의 응전이 실패할 때 진행되기 때문입니다.

정리하자면 토인비는 세계사를 문명으로 파악하고 그 문명을 움직이는 기본 원리를 '도전과 응전'으로 보았습니다. 그런데 그가 국가나 민족 단위의 역사 연구를 배격한 것과 모든 문명에 '도전과 응전'이라는 하나의 도식을 무리하게 적용시킨 것에 대해 역사적 비판이 가해지기도 합니다.

계급 투쟁의 역사 : 마르크스

독일의 마르크스(Karl Marx, 1818~1883)는 세계사가 국가와 민족 단위가 아니라 경제를 중심으로 한 '생산력과 생산관계'에 따라 변화한 것으로 보았습니다. 그는 공산주의를 창시한 것으로도 알려져 있는데 대표작으로는 『자본론(Capital)』이 있습니다.

그는 세상의 본질은 물질이며 인간은 종교가 아닌 과학과 실천에 의하여 객관적인 세계와 법칙을 이해할 수 있다고 보았습니다. 따라서 세계사 또한 정치나 종교 위주로 볼 것이 아니라 경제적인 측면에서 볼 것을 주장하였습니다. 정치, 종교, 철학, 법 등이 사회를 결정하는 것이 아니라 누가 얼마나 더 물질적인 재화를 가지고 있고 그에 따른 경제적 관계가 어떻게 설정되느냐에 따라 사회가 결정된다는 것입니다.

예를 들면 아주 먼 원시 시대에 먹을 것이 얼마 없고 남녀노소가 평등하게 자기 역할에 맞는 노동만 하던 시대에는 개인이 다른 개인을 지배하는 사회란 존재하지 않았습니다. 물질적인 재화가 많아지고 사람이 재산을 소유하게 되면서 남의 것을 더 빼앗고 노예로 만드는 지배와 피지배의 사회가 등장하게 되었다는 것입니다. 그 사회의 가장 높은 위치에 왕이라 불리는 지배자가 등장하고 나머지 사람들을 노예처럼 부리게 되는 고대 사회가 나타납니다. 왕에게 반항하면 곧 죽임을 당하게 되는 사회가 정당화되며, 왕은 자신을 신과 같은 존재로 묘사하고 하늘에 제사를 지내는 등의 정치적·종교적 행사를 진행하게 됩니다. 그리고 법을 만들어 나머지 사람들을 합리적으로 지배하면서 가장 많은 부를 소유하게 되는 것입니다. 이처럼 한 사회의 생산력과 생산수단을 누가 가지고 있느냐에 따라 역사는 전혀 다른 모습을 보인다는 것이 마르크스의 주장입니다. 그는 역사 발전은 5단계의 법칙을 필연적으로 거친다고 보았습니다.

우선 첫 번째 역사는 '원시공산제 사회(原始共産制社會, Primitive Community)'에서 출발합니다. 위에서 말한 것처럼 아직 지배와 피지배의 계급이 발전할 만큼 사유재산이 충분치 못한 상태입니다. 보통 원시 시대 석기를 사용하던 수준의 사회를 말합니다.

그러나 점차 인간이 농사와 목축을 통해 생산력이 발전하게 되고 도구가 발전하면서 다음 단계로 넘어가게 됩니다. '노예제 사회(奴隷制社會, Slavery)'가 바로 그것인데, 고대 그리스, 로마나 우리의 고구려, 백제, 신라 시대가 이에 해당합니다. 지배와 피지배의 계급이 생기고 정복 활동이 벌어지며 노예 노동을 기초로 경제생활을 합니다. 그런데 이 사회보다 생산력이 발전하면서 '봉건제 사회(封建制社會, Feudalism)'로 넘어가게 됩니다. 이제는 노예의 처지보다 조금 나아진 농노(農奴, serf)가 생산을 담당하며 영주와 성직자, 왕이 생산수단을 독점합니다. 그러다 상공업의 발전으로 일반 시민 중에도 부를 축적한 이들, 즉 자본가 계급이 나타나고 자신들의 경제적 능력을 바탕으로 정치적 권리를 주장하다 왕과 충돌하여 혁명을 일으킵니다. 그리하여 '자본주의 사회(資本主義社會, Capitalism)'로 넘어갑니다. 그런데 자본주의 사회에서는 이전과 같은 신분제는 사라졌으나 여전히 생산수단은 자본가가 독점하고 있습니다. 마르크스는 이 상태에서 다수의 노동자들이 단결하게 되고 필연적으로 '사회주의 사회(社會主義社會, Socialism)'가 출현한다고 보았습니다. 이 사회주의 사회란 생산수단의 사적 소유가 없어져 사람들은 능력에 따라 노동하고 필요에 따라 소비하는 이상사회가 될 것이라고 마르크스는 예견하였습니다. 또한 그는 이렇게 역사가 다음 단계로 넘어가는 과정에서는 기본적으로 '계급투쟁(階級鬪爭, Class Conflict)'이 일어날 수밖에 없다고 보았습니다.

그런데 최근에는 마르크스의 역사 이론이 갖고 있는 문제점에 대한 비판이 제기되기도 합니다. 그의 이론이 지나치게 도식적이며, 서양의 역사에는 맞을지 모르지만 보편적인 발전 법칙으로 인정하여 아시아 국가 등에 적용하기에는 무리가 있다는 것입니다. 또한 역사가 계급 투쟁의 연속이며 필연적으로 다음 단계로 넘어갈 수밖에 없다는 법칙을 제시한 것과 역사를 통해 미래를 예언한 것 등이 논리적으로 맞지 않다는 의견도 많습니다.

역사 속 노동계급의 등장 : E. P. 톰슨

오늘날의 역사학에는 많은 변화가 일어나고 있습니다. 그 이전까지 백인, 남성, 엘리트 등만이 역사의 조명을 받던 것에서 벗어나 피지배층인 다양한 사람들과 여성, 흑인 등이 역사의 주역으로 등장하게 되었습니다. 또한 정치사에서 사회경제사로, 그리고 문화사까지 그 연구가 확장되면서 다양한 시각이 역사에 적용되어 더욱 풍부한 역사 인식이 가능해지게 되었습니다. 최근에는 평범한 사람들에 대한 역사를 좀 더 새로운 방식으로 서술하는 신문화사 혹은 미시사까지 등장하여 역사학은 새롭고 다양하게 연구되고 있습니다.

그중에서 먼저 피지배층이 하나의 '민중'으로 역사에서 눈여겨볼 주인공으로 등장하게 되는 과정을 역사적으로 파악한 E. P. 톰슨(Edward Palmer Thompson, 1924~1993)과 그의 저서 『영국 노동계급의 형성(The Making the English Working Class)』에 대해 살펴봅시다.

E. P. 톰슨은 20세기 영국의 역사학자입니다. 그가 쓴 『영국 노동계급의 형성』은 영국에서 노동계급이 형성되던 시기인 1780년대부터 1830년대 초반까지 50여 년간의 영국 노동계급의 역사를 서술한

역사책입니다. 이 책이 의미를 갖는 것은 무엇보다 영국의 노동계급이 역사의 주체로 등장하였다고 보는 시각 때문입니다. 그들의 시선, 입, 활동을 통해 역사에서 잊혀지고 있던 영국 노동계급의 존재를 역사 속에서 복원한 것입니다.

우선 이 책은 영국에서 최초의 민중적 급진 단체이자 새로운 노동자조직이었던 '런던교신협회(London Corresponding Society)'의 창립을 설명하는 글로 시작합니다. 그들은 정관 제1조에서 "우리 회원의 수에는 제한이 없다"라고 규정하였습니다. 노동자들 스스로가 민주주의에 대하여 자각하고 있는 것을 가장 명확하게 보여 주는 문구입니다. 이 책은 이러한 영국 노동자 조직의 역사에서부터 선거권 쟁취 투쟁인 차티스트 운동까지를 다루고 있습니다. 이 50여 년간의 역사에서 영국의 노동계급이 어떻게 형성되어 역사의 전면에 등장했는지를 밝히는 것이 이 책의 목적이라고 E. P. 톰슨은 밝히고 있습니다.

무엇보다 이 책의 장점이라면 그동안 역사에서 주목하지 않았던 하층민, 즉 노동자들이 산업혁명을 거치면서 자신들의 권리를 쟁취하기 위해 어떻게 뭉쳐서 운동을 펼쳤는지 세밀하게 그림을 그리듯 묘사하고 있다는 것입니다. 이전까지 어떤 역사가도 감히 시도하지 않았던 계층에 직접 다가가 서술한 역사인 것입니다. 위대한 정치가나 영웅, 국가의 제도나 구조 등을 통해 바라보던 역사를 민중이 주인공이 된 역사로 영국의 18, 19세기라는 시대적 상황 속에서 온전하게 복원한 것입니다. 「타임즈(Times)」가 뽑은 '20세기 최고의 책

100선’ 중에 하나로 들어갈 정도로 이 책이 명성을 얻게 된 것은 바로 이 때문입니다.

이 책은 산업 혁명에 대한 찬양을 늘어놓거나 비록 소수지만 불쌍하고 비참한 생활을 한 노동자나 여성, 아동의 존재를 다룬 기존의 책들과는 전혀 다른 시각에서 쓰인 역사책입니다. 산업혁명을 통해 자본주의화되어 가는 영국 사회에서 그 이전까지 소생산자로 자부심을 느끼던 장인들이 이제는 공장의 기계처럼 하나의 부품으로 전락해버린 상황을 다뤘습니다.

E. P. 톰슨은 프랑스 혁명과 산업 혁명은 별개의 것이 아니며 비슷한 시기에 발생한 프랑스 혁명의 자유·평등·박애의 정신을 영국 노동자들도 주체적으로 받아들이고 이를 위해 정치적 투쟁을 했다고 말합니다. 그리고 다수를 이뤘던 노동자들이 산업 혁명의 수혜자라기보다 피해자였다는 것을 보여 줍니다. 그러면서도 그들을 불쌍한 존재로 다루지는 않았습니다. 악조건 속에서도 자신들의 정치적·경제적 권리와 인간으로서의 존엄, 즉 민주주의적 가치를 쟁취하기 위해 땀과 피로 얼룩진—지배층에게는 폭도로만 보였을지 모르지만—투쟁을 펼쳤다는 것을 알립니다. E. P. 톰슨은 정치가나 지식인, 자본가 못지않게 사회의 다수를 구성하였고 민주주의와 인간의 존엄성을 위해 투쟁한 노동자들의 존재가 역사적으로 복원되어야 한다고 보았습니다. 왜냐하면 그들 스스로가 명확하게 사회의 부조리와 구조적 모순을 인식하고 권리를 찾기 위해 힘썼기 때문입니다.

구조적으로 파악하는 인간의 역사 : 페르낭 브로델

한편, 인간을 둘러싼 환경과 물질에 관심을 가지고 이를 연구함으로써 거꾸로 인간에 대한 탐구를 확장시킨 페르낭 브로델(Fernad Braudel, 1902~1985)이라는 역사가도 있습니다. 그는 20세기 프랑스의 역사학자입니다. 대표작으로는 인간의 물질적 조건에 대한 전체사를 다룬 『물질문명과 자본주의』라는 역사서가 있습니다. 그와 동료들은 학술지인 「아날(Annales)」을 통해 자신들의 연구를 발표하였기 때문에 보통 '아날학파'라고 합니다. 아날학파의 역사가들도 역사를 과학적으로 접근할 수 있다고 여겼습니다. 특히 브로델은 각종 통계자료와 삶의 물질적 측면과 조건을 통해 구조적으로 인간의 역사를 파악하려고 합니다. 브로델은 자본주의 제도와 건강, 음식, 패션, 건축, 도시, 기후 등 인간을 둘러싼 각종 물질에 대한 역사를 썼습니다.

또한 브로델과 아날학파는 기존의 역사가들과는 전혀 다른 역사적 시간 개념을 주장하였습니다. 흔히 우리가 역사라고 하면 과거에서 현재, 그리고 미래로 이어지는 하나의 단선적인 시간 속에서 이루어진 사건이나 사실을 지칭한다고 여깁니다. 직선적이고 일차원적인 시간 개념입니다. 그런데 아날학파 사람들은 시간은 다양하고 상대적으로 존재한다고 보았습니다. 예를 들면 어느 시골 마을에서 해 뜨면 일어나 밥 먹고 농사일 하러 나갔다가 해 지면 집으로 돌아오는 일상을 보내는 농부와 매일매일 혁명과 전쟁을 치르며 사는 정치가가 느끼는 시간 개념은 다르다는 것입니다. 이런 생각을 확대해 보면 각각 다른 문명과 구조 속에서 사는 사람들이 느끼는 시간은 다를 수 있다는 것입니다. 그리고 인류 역사 전체로 볼 때, 소수의 사람들이 정치적 사건 속에서 겪는 '빠른 시간' 보다는 거주하는 지역의 지리적 특성과 기후, 물질적 조건 등에 의해 느껴지는 '거의 정지된 시간' 혹은 '장기 지속의 시간' 이 인간의 삶에 더 많은 영향을 미칠 수도 있다고 보았습니다. 기후, 생태계, 인구 증감 등의 현상이 장기적으로 보면 경제적 변동과 함께 인간의 삶을 구조적으로 이끌 수도 있다고 본 것입니다.

브로델은 역사를 세 개의 서로 다른 시간으로 봤습니다. 그는 자연적이고 지리적으로 '거의 정지된 시간', 사회 · 경제 구조가 변화한 '느린 시간', 그리고 정치적 사건이 지배한 '빠른 시간' 으로 구분하였습니다. 이것은 기존 역사의 '과거-현재-미래' 로 이어지는 직선적 시간 개념을 폐기하면서 동시에 서구의 우월한 문명에 의해서 규정된 근대 세계와 역사가 진보한다는 믿음을 인정하지 않는 것입니다. 브로델은 이 세 개의 시간에 맞춰 인간의 전체 역사를 쓰고자 했습니다. 그리하여 세계사를 종합적이고 구조적으로 파악하는 역사책인 『물질 문명과 자본주의』를 집필했습니다. 그가 속해 있던 아날학파는 민중들이 어떻게 역사적으로 다양한 삶을 살았고 집단적으로는 어떤 심성과 문화적 태도를 가졌는지를 연구하여 정치사가 아닌 사회사, 경제사, 문화사를 중심으로 한 독특한 역사적 흐름을 이루게 되었습니다.

갑남을녀 역사의 복원 : 미시사가들

마지막으로 가장 최근에 나타난 새로운 경향의 역사학을 소개해 볼까 합니다. 평범한 사람들의 이야기를 역사적으로 탐구한 이 역사학은 보통 '미시사(微示史, Microhistory)' 혹은 '신문화사(新文化史, New Cultural History)' 등으로 불립니다. 미시사는 말 그대로 작은 부분을 현미경으로 확대하여 보는 듯한 연구 방법론과 역사 서술을 일컫는 말입니다. 이 미시사는 기존의 역사 연구가 주로 정치 제도나 사회·경제 구조와 같은 큰 주제를 다룬 데에 반해 그것만으로는 역사 연구가 부족하다는 인식에서 등장했습니다. 예를 들면 조선 시대의 정부를 비롯한 각 부서명이나 관직명을 안다고 해서 조선 시대 사람들의 역사를 온전히 알았다고 할 수는 없습니다. 또 근대사에서 수출과 수입, 토지 소유, 조세 등의 통계 자료를 배우지만 그것만으로는 당대 사람들이 어떻게 살았는지 생생한 과거의 역사를 알기엔 부족하다는 것입니다. 즉, 거대한 구조를 통해 역사를 파악할 수 있지만 그렇게 되면 수많은 '개인의 얼굴'이 빠지게 된다는 말입니다. 따라서 미시사는 역사에서 중요한 것은 익명의 군중과 대중이 아니라 과거를 온몸으로 살아간 사람, 바로 '개인'에 초점을 맞추게 됩니다. 아파트로 치자면 아파트의 설계 구조나 가구 수가 아니라 아파트의 각 방에 살고 있는 구체적인 개인의 삶을 파악하는 것이 역사라고 본 것입니다. 한마디로 역사의 숲이 아니라 나무를 보자는 말이고, 그 나무란 바로 '인간의 얼굴'이라는 것입니다. 이 속에서 잊혀 가던 평범한 농부, 노동자, 여성 등 갑남을녀의 역사를 복원하

려는 움직임이 일어납니다.

미시사를 개척한 역사가는 이탈리아 출신의 역사가 카를로 긴즈부르그(Carlo Ginzburg)입니다. 그의 미시사 연구 대표작으로는 『치즈와 구더기(Il formaggio e i vermi : il cosmo di un mugnaio del 1500)』가 있습니다. 그 책은 16세기 유럽의 평범한 사람들이 어떻게 독서를 하고 독창적인 사고를 했는지 다루고 있습니다.

책의 주인공은 메노키오라는 한 평범한 방앗간 주인입니다. 그는 당대 기독교의 세계관과 전혀 다른 자유롭고 독창적인 생각으로 세상을 바라봅니다. 메노키오는 기독교의 삼위일체, 그리스도의 신성, 교황과 교회의 권위를 모두 부정합니다. 그는 하느님과 인간 모두 혼돈 속에서 창조되었다고 생각합니다. 더 나아가 당시 성직자가 가난한 농민을 착취하는 것을 비난합니다. 이쯤 되면 평범한 방앗간 주인이 당시의 사회적 질서와 지배층의 권위 모두를 부인했다고 볼 수 있습니다. 그는 세상이란 하느님의 창조물이 아니라 태초에 혼돈으로부터 마치 우유에서 치즈가 만들어지듯, 물질 덩어리가 형성되어 만들어졌는데, 그 사이에 나타난 구더기를 천사라고 봤습니다. 중요한 점은 이것이 그 스스로 생각한 결과라는 것입니다.

역사가 긴즈부르그는 마치 탐정 셜록 홈즈처럼 어떻게 평범한 그가 이런 생각을 할 수 있었는가를 추적하기 시작합니다. 메노키오가 읽은 문헌의 목록을 살펴보고, 그에게 영향을 끼쳤을지도 모르는 여러 종파를 파악합니다. 이 속에서 긴즈부르그는 기존의 역사가들과는 달리 객관적 연구 방법이 아니라 자신의 분석력과 상상력을 적극 개입시킵니다. 이런 점에서 미시사는 그 서술 방식 또한 기존의 거대 담론을 중심으로 파악하던 사회과학적 역사학과 차이를 보입니다. 추리 소설과도 같은 서술 방식으로 옛날이야기식의 역사를 쓰게 되는 것입니다. 그리고 긴즈부르그는 메노키오가 교황청에 의해 화형에 당하게 되는 것은 당시 지배 문화가 메노키오로 대변되는 민중 문화를 억압하고 통제한 것이라고 봅니다.

한편, 특정한 시대에 등장하는 다양한 계층의 문화와 그 속에 녹아 있는 상징들을 통해 역사를 탐구하는 방식도 등장합니다. 흔히 역사학계에서는 이를 ‘신문화사’ 라고 합니다. 이것은 미시사와 같은 방법으로 평범한 이들의 일상생활 속에서 생생한 역사의 얼굴을 찾으려는 시도입니다. 주로 문화를 통해 농민, 노동자, 여성 등이 어떻게 과거에 삶을 살았는지를 추적하는 역사학입니다. 이 신문화사적 접근에는 다양한 상징체계와 문화에 대한 해석과 역사적 상상력을 허용하며 더 넓은 맥락에서 당대 사람들의 역사를 복원하려는 시도가 일어났습니다. 신문화사를 대표하는 역사서로 책의 앞부분에 언급했던 『고양이 대학살』과 『마르탱 게르의 귀향』 등의 책이 있습니다.

이러한 미시사나 신문화사는 국가나 사회 구조 등의 거시적 안목에서 역사를 내려다보고 설명하는 것과는 전혀 다른 방식을 택하고 있습니다. 문체도 딱딱하지 않고 다양한 이야기식 문체를 도입합니다. 물론 평범한 이들을 대상으로 현미경을 들이대듯 그들의 작은 일상사에서 역사적 진실을 찾다 보니 사료의 한계를 느낄 경우도 있습니다. 과거를 기록한 사료의 대부분은 왕의 업적이나 국가 정책과 외교에 관한 것이기 때문입니다. 따라서 그들은 사료를 최대한 모으면서도 당시의 재판 기록이나 입에서 입으로 전해 내려오던 이야기, 당대에 유행한 소설 등을 적극적으로 활용합니다. 당시 평범한 사람들 대부분이 문자를 몰랐던 까닭에 기록은 빈약할 수밖에 없었지만, 그들이 생각하거나 느낀 부분에 대해서는 역사가가 적극적으로 상상력을 발휘하여 다루고 있습니다.

미시사와 신문화사는 이전과는 다른 방식, 즉 거대한 사회 구조가 아니라 평범한 사람들을 자세히 다뤘다는 점과 딱딱한 사회과학적 언어가 아닌 소설의 이야기식 문체를 도입했다는 점에서 많은 주목을 받습니다. 역사에 대한 다양한 실험과 이해를 바탕으로 전개되는 미시사와 신문화사는 역사가 파악하는 대상과 의미가 무엇인지 다시 한번 생각해 보게 하는 '오늘의 역사학' 입니다.

서양에서 근대 역사학은 랑케에 의해 정립됩니다. 랑케는 사료를 통한 '객관적인 역사' 를 강조합니다. E. H. 카는 "역사가의 해석과 평가도 매우 중요하며, 따라서 역사란 현재와 과거의 대화"라는 유명한 말을 남겼습니다. 한편, 토인비는 역사를 '도전과 응전' 에 의해 만들어진 문명사로 파악하였고 마르크스는 생산력을 중심으로 한 '계급투쟁의 역사' 를 법칙으로 만들었습니다. 20세기에 들어와서는 역사의 대상이 다양한 영역으로 확대되었는데 페르낭 브로델처럼 '인간을 둘러싼 물질과 환경' 을 탐구 대상으로 삼은 이도 있었고 '노동자들을 역사의 중심' 으로 본 E. P. 톰슨도 있었습니다. 최근에는 평범한 사람들의 일상사를 탐구하는 미시사와 신문화사도 발전하여 역사학은 더욱 풍부해지고 있습니다. 혹시 이외에도 역사의 대상으로 추가할 수 있는 것이 없는지 한번 생각해 봅시다.

우리나라 역사학의 흐름

우리나라의 역사책은 언제부터 등장하게 되었을까요? 현재 남아 있는 가장 오래된 역사책은 김부식의 『삼국사기』입니다. 그런데 이 책은 12세기 고려 시대에 쓰인 것입니다. 그렇다면 이미 기원전에 고조선과 부여, 삼한 등의 국가가 존재했었고 고구려, 백제, 신라의 찬란한 문화가 남아 있는데 그 전까지 역사책은 정말 전혀 없었던 것일까요? 그렇지는 않습니다. 다만 현재 우리가 직접 확인해 볼 수 있는 책이 하나도 전해지지 않고 있을 뿐입니다.

김부식의 『삼국사기』에는 고구려, 백제, 신라 각국이 국가 차원에서 역사책을 편찬했음을 전하고 있습니다. 고구려에는 『유기(留記)』와 『신집(新集)』 다섯 권이 있었고, 백제에는 『서기(書記)』가, 그리고 신라에는 『국사(國史)』라는 역사책이 있었습니다. 그렇지만 안타깝게도 이것들 모두가 전해지지 않기 때문에 우리는 고구려, 백제, 신라의 역사에 대하여 12세기의 고려인인 김부식이 전하는 내용을 통해 알 수 있을 뿐입니다. 고려 시대에는 삼국 시대를 다룬 역사책이 발간되었는데 김부식의 『삼국사기』이나 일연의 『삼국유사』 등이 대표적입니다.

한편, 고려 자체의 역사는 조선 시대 편찬된 『고려사』와 『고려사절요』 등을 통해 알 수 있을 뿐입니다. 왜냐하면 고려 시대에 만들어진 고려 왕조의 실록이 불에 타거나 도난을 당해 현재까지 전해지지 않기 때문입니다. 따라서 다음에 좀 더 자세히 설명하겠지만 오늘날 전해지는 고려의 역사는 일차적으로 조선의 양반 사대부의 눈에 한 번 걸러진 것입니다.

조선 시대에는 고려의 역사를 정리하면서 동시에 우리 민족사의 체계를 잡고 국가적으로 편찬하는 작업이 진행됩니다. 또한 『조선왕조실록』과 같이 당대의 역사를 잘 알 수 있는 기록도 자세하게 남깁니다. 그리고 조선 전기에서 후기로 넘어가면서 시대적 상황과 개인의 역사관에 따라 다양한 역사책이 편찬됩니다. 일제 강점기로 접어들게 되면 일본이 내세운 식민사관과 맞서면서 동시에 우리 역사를 체계화하려는 시도가 등장합니다.

이 장에서는 김부식의 『삼국사기』에서부터 일제 강점기에 활동한 신채호, 정인보, 백남운 등의 역사학자까지 우리 역사학의 흐름을 대략 살펴볼까 합니다.

현존하는 최초의 역사서 : 김부식의 『삼국사기』

김부식은 고려 전기 경주 출신의 문벌귀족이자 현재까지 전해지는 가장 오래된 역사서인 『삼국사기』를 지은 역사가이기도 합니다. 그는 12세기 고려 시대에 있었던 서경천도운동을 펼친 묘청(妙淸, ?~1135)을 진압하였고 당시 중국에서 큰 힘을 발휘하던 여진족(女眞族)의 금(金)나라에 사대할 것을 주장한 정치가였습니다. 그는 유교 사상을 받아들인 지식인으로 예법을 중심으로 덕치를 강조하고 국가에 충성하는 것을 강조하였습니다. 따라서 그의 『삼국사기』는 이러한 사상을 기본으로 쓰인 역사서입니다.

이 책을 쓸 때 역사가로서 그는 객관적 사실을 담보할 수 있는 사료로 당대에 있었다는 『구삼국사(舊三國史)』와 같은 책과 중국의 자료를 활용하였습니다. 또한 12세기 지식인이자 정치가의 관점에서 삼국의 역사를 사료에 입각해 보충하고 수정하기도 하였습니다. 기

본적으로『삼국사기』는 신라 중심으로 서술되어 있습니다. 그의 역사관이 잘 반영되어 있는 부분이기도 합니다. 그는 고구려ㆍ백제ㆍ신라 중에서 신라가 가장 먼저 출발한 것으로 보았으며, 따라서『삼국사기』는 신라의 시조 박혁거세에 대한 서술로 시작됩니다. 전체적으로도 신라에 대한 부분이 가장 많으며「열전」에서도 김유신에 대한 기록이 가장 많은 비중을 차지하고 있습니다. 또한 그는 고조선이나 부여와 같이 삼국의 역사 이전에 있었던 나라의 역사는 담고 있지 않습니다. 특히 고조선에 대한 부분이 없는 것은『삼국유사』와의 큰 차이라고 할 수 있습니다. 가야나 발해에 관련된 기록도 물론 빠져 있습니다.

『삼국사기』의 구성은 제목에서 나타나는 것처럼 중국의 사마천이 지은『사기』에서 시작한 형식인 기전체를 중심으로 되어 있습니다. 삼국의 왕에 대한 부분인「본기(本紀)」, 연대기를 알 수 있는「연표(年表)」, 제사, 음악, 복식, 지리 등을 담은「잡지(雜志)」, 영웅과 특이한 행적을 남긴 사람들의 기록인「열전(列傳)」등 전체 50권으로 이 책은 구성되어 있습니다. 또한 각 글마다 사마천처럼 "편찬자는 논평하여 말한다."라며 역사적인 사실이나 사건에 대해 자신의 평가를 붙임으로써 역사란 객관적인 사실과 함께 역사가의 주관이 포함된다는 것을 보여 주고 있습니다.

그는 이 책을 쓰게 된 동기에 대해서「진삼국사기표(進三國史記表)」에 언급해 두었습니다. 그는 당대 고려인들이 중국의 역사에 대해서는 자세히 알면서 우리나라의 일에 대해서는 그 시말을 알지 못하는 것을 보고 매우 한탄할 일이라고 하였습니다. 또한 기존에 있는 우리나라의 옛 기록들은 문자가 거칠고 졸렬하며 임금의 선하고 악한 일, 신하의 충성스럽고 그렇지 못한 일, 나라를 다스리는 전반적인 일 등을 기록하지 못하였다고 보았습니다. 따라서 후대에 귀감이 되거나 교훈을 남길 부분이 제대로 서술되어 있지 못하므로 이 책을 쓰게 되었다는 것입니다.

"시조는 성이 박씨이고 이름은 혁거세이다."로 시작하는 『삼국사기』 제1권 「신라 본기」는 앞서 언급한 것처럼 신라를 삼국 중 가장 먼저 발흥한 국가로 보고 소개하고 있습니다. 「신라 본기」에서 김부식은 신라에서 사용한 고유한 왕의 칭호, 즉 '거서간(居西干)', '차차웅(次次雄)', '이사금(泥師今)', '마립간(麻立干)' 등을 소개합니다. 거서간은 부족장, 차차웅은 제사장, 이사금은 연장자, 마립간은 우두머리라는 뜻입니다. 중국에서 쓰는 '왕' 이라는 표현 대신 남해 차차웅(南解次次雄 ?~24), 유리 이사금(儒理泥師今, ?~57), 지증 마립간(智證麻立干, 437~514) 등으로 신라는 독자적인 왕의 칭호를 쓰고 있었던 것입니다. 김부식은 중국의 사서에도 각 지역과 나라의 말을 남긴 것을 예로 들며 "지금 신라의 일을 기록함에 있어, 그 방언을 그대로 두는 것이 마땅할 것이다."라고 하여 객관적인 사실을 기록하고자 합니다.

반면 그는 자신의 주관적인 역사관을 드러내기도 하는데, 법흥왕(法興王, ?~540)이 연호(年號)를 사용한 것과 선덕여왕(善德女王, ?~647)의 치적에 대해 비판한 것이 그 예입니다. 신라는 법흥왕 때 독자적

인 연호를 썼습니다. 연호는 원래 중국 역대 왕의 재위를 달력 대신 사용하는 것인데 이것을 배제하고 독자적으로 자신의 연호를 쓴다는 것은 중국 중심의 세계관이나 지배를 거부한다는 것을 의미합니다. 참고로 광개토대왕은 '영락(永樂)'이라는 연호를 사용합니다. 그런데 김부식은 이 연호를 사용한 법흥왕을 강하게 비판합니다. "중국에 신하로서 속해 있는 한쪽 구석의 작은 나라는 본래 사사로이 연호를 지어 쓰지 못하는 것이다. 신라와 같이 한마음으로 중국을 섬기고 사신과 공물이 길에 이어지는 나라의 왕이 법흥왕이 스스로 연호를 사용한 것은 잘못된 일이다."라고 그는 그 이유를 밝혔습니다. 또 김부식은 선덕여왕에게도 비판을 가하는데 "신라는 여자를 붙들어 세워 왕위에 있게 했으니 진실로 난세의 일이며, 이러고서도 나라가 망하지 않은 것이 다행이다."라고 서술하였습니다. 이 두 가지는 그의 중국 중심, 남성 중심의 역사관이 드러나는 대목입니다.

유학자인 그의 눈에 신화적인 속성을 가지고 있는 왕들의 탄생은 어떻게 보였을까요? 단군에 대한 서술은 빠져 있지만 그의 책에는 박혁거세, 석탈해, 김알지 등 신라의 박·석·김씨의 시조들이 알이나 금궤에서 태어난 것으로 기록되어 있습니다. 그는 "괴이해 믿을 수 없지만 세속에서 서로 전해 와 사실처럼 되고 말았다."라고 하였습니다. 합리적이고 예법을 따지는 유교 사상가인 김부식의 눈에 이러한 기이한 일들은 믿을 수가 없는 것이었습니다. 바로 이 부분이 150년 후의 역사가 일연이 지은 『삼국유사』와의 차이라고 할 수 있을 것입니다. 일연은 단군 시대부터 적극적으로 이러한 부분을 기록하고 있습니다. 그리고 그러한 신화적인 속성의 탄생에 대해서도 긍정적으로 평가하였습니다. 역사가 김부식과 일연의 차이를 알 수 있는 부분이기도 합니다.

『삼국사기』의 「열전」은 사마천의 그것처럼 수많은 다양한 인물들이 등장하는 것은 아닙니다. 사마천이 의리와 절개를 지킨 백이를 맨 먼저 다뤘다면 김부식은 신라 통일을 이끌고 충성을 바친 김유신을 「열전」의 맨 처음에 소개하였습니다. 그리고 열 권으로 이뤄진 「열전」 중에서 세 권이 모두 김유신에 대한 내용으로 채워져 있습니다. 이 외에도 유학자답게 그는 '효녀 지은'이라는 효성이 지극하였던 여성을 소개하거나 천재 화가라고 불리는 '솔거'에 대한 부분도 소개하고 있습니다. 솔거가 황룡사의 벽에 그린 소나무 그림을 본 새들이 진짜인 줄 알고 앉으려 했다가 떨어지곤 했다는 유명한 이야기가 그것입니다. 이 외에도 청해진을 세운 장보고, 평강공주와 결혼한 바보 온달, 황산벌에서 목숨을 바친 계백, 연개소문, 궁예, 견훤 모두 「열전」에서 다루고 있습니다.

김부식의 『삼국사기』는 고려 전기의 문벌 귀족 사회라는 시대적 배경, 그리고 묘청의 서경천도운동을 진압한 보수적이고 중국 중심의 사고를 한 유학자 김부식이라는 개인을 이해하면서 봐야 할 역사책입니다. 이런 것을 기본으로 하면서 이 책에 담겨진 삼국에 대한 역사적 사실과 김부식이라는 역사가의 해석과 평가 모두를 살펴본다면 당시 사람들의 고대에 대한 역사적 인식과 이해가 어떠했는지 잘 알 수 있을 것입니다.

고조선사의 복원 : 일연의 『삼국유사』

일연은 고려 후기, 즉 13세기를 살다 간 승려이자 역사가입니다. 그는 왕에게 불교에 관한 강의를 할 정도로 국가적으로 존경받던 스님입니다. 그렇다면 왜 스님이 역사책을 썼을까 하는 의문이 생길 것입니다. 『삼국유사』를 이해하기 위해서는 일연이 이 책을 쓸 시대적 배경을 이해해야 합니다. 12세기 말 고려의 문벌귀족 사회(門閥貴族社會)가 무신들에 의해 뒤집어지고 13세기 중반에는 몽골과의 항전에 돌입합니다. 이러한 정치적 위기와 전쟁 등에서 고려의 지배층이 섬기던 중국의 한족이 몽골에게 무너지는 충격적인 사건이 일어났고, 일반 백성들의 삶은 더욱더 고통스러워집니다. 이러한 시대적 배경에서 일연은 역사책을 쓰게 됩니다.

물론 이 책은 '유사(遺事)' 즉, 삼국시대에 남겨진 일들에 관한 기록입니다. 엄밀하게 말하면 정식 역사서는 아닙니다. 그리고 일연이 승려이기에 이 책의 대부분은 불교와 관련된 내용입니다. 그렇지만 『삼국유사』는 우리 민족의 시조를 단군으로 보고 고조선, 위만조선, 마한, 옥저, 가야, 부여 등 『삼국사기』에서 빠진 우리의 고대사를 매우 적극적으로 복원한 책입니다. 특히 단군과 고조선에 대한 기록은 그것이 신화적인 요소를 가지고 있더라도 엄연한 우리의 역사임을 강조합니다. 이 시기에는 이승휴(李承休, 1224~1300)의 『제왕운기(帝王韻紀)』와 같은 역사서에서도 단군에 대한 기록이 담긴 것을 확인할 수 있습니다. 몽골의 압제에서 신음하는 민중에게 민족의 주체성과 자부심을 일깨워 주는 우리 고대사를 복원하는 것은 큰 의미를 가지는 것입니다. 12세기의 김부식이 중국 중심의 세계관과 예법이라는 유교를 바탕으로 『삼국사기』를 지었다면 13세기의 지식인 일연은 불교를 바탕으로 하면서도 우리 역사의 주체성과 독자성을 강조하는 새로운 역사 서술을 시도했습니다.

『삼국유사』는 아홉 편으로 구성되어 있습니다. 먼저 「왕력(王曆)」 편은 왕들을 중심으로 쓴 연대기입니다. 여기에는 가락국, 즉 가야의 역사도 포함되어 있습니다. 「기이(紀異)」 편은 말 그대로 '신비로운 일을 적은 책'입니다. 여기서 바로 고조선의 역사가 등장하고 일연은 신화적인 요소가 가득한 고대사를 기록한 이유를 분명히 제시하고 있습니다. 그는 중국에서도 제왕이 나올 때에는 반드시 남과는 다른 큰 변화가 있었다면서 우리 역사에도 이러한 신비로운 이야기가 출현하는 것이 어째서 괴이한 것이냐고 반문하고 있습니다. 앞에서 김부식은 박혁거세와 같은 영웅들이 알에서 태어난 것을 "괴이하고 믿을 수 없다."고 했는데 일연은 왕들의 탄생과 역사는 당연히 신비로운 것에서 시작한다며 적극적으로 옹호합니다. 따라서 환웅이 하늘에서 내려와 여자의 몸으로 변한 곰과 결혼하여 단군을 낳은 것, 고구려의 시조 주몽이나 신라의 시조 박혁거세가 모두 알에서 태어난 것 등은 하나도 이상한 일이 아닌 것입니다.

오히려 이러한 신비로운 일들이 정치사적으로 해석하면 특정 집단의 지배를 정당화하는 것입니다. 어쩌면 신화가 없는 민족은 정당성을 확보하지 못하는 것입니다. 그리고 이 정당성은 우리 민족의 독자성과 주체성으로 이어지게 됩니다. 건국 신화를 갖고 있는 고조선, 고구려, 신라 등은 중국에 뒤지지 않는 정당성을 확보하게 되는 것입니다.

한편 이 「기이」 편에는 우리가 어렸을 적 동화책에서 볼 수 있던 이야기들도 실려 있습니다. 대표적으로 '연오랑과 세오녀'의 이야기가 그렇습니다. 동해에 살고 있던 연오가 바닷가에 있던 바위 하나를 타고 일본에 가서 왕이 되고 곧이어 아내인 세오도 그 바위를 타고 일본으로 가서 왕비가 됩니다. 그러자 신라에서는 해와 달이 빛을 잃습니다. 신라의 사신이 일본으로 가서 이 일을 고하자 연오랑과 세오녀는 대신 비단을 줍니다. 그 비단을 받아 신라로 돌아와 제사를 지내자 해와 달의 빛이 돌아오게 되었다는 것입니다.

또한 '처용가'로 알려진 처용랑에 대한 이야기도 등장합니다. 동해용의 아들 중 하나인 처용이 왕을 따라 신라에 정착하였는데 어느 날 전염병을 돌리는 역신이 처용의 집에 몰래 들어와 처용의 아내와 함께 잡니다. 뒤늦게 들어온 처용이 '처용가'로 알려진 노래를 부르자 역신은 사죄하고 도망하게 됩니다. 그 후로 처용의 얼굴 모습을 그려 놓으면 이 역신이 물러가게 되었다는 이야기입니다. 오늘날 역사가들은 처용이 동해용의 아들이 아니라 아라비아 상인이 아닐까 추측합니다. 『삼국유사』의 독특한 이야기 구조를 알 수 있는 두 편의 내용입니다.

「흥법(興法)」 편은 삼국에 불교가 처음 들어오게 된 과정과 불교의 발전에 대한 내용입니다. 「탑상(塔像)」 편은 불교의 사찰, 탑, 경전 등에 대해 적은 것입니다. 이를 통해 삼국의 불교가 어떤 성격을 가지

는지 알 수 있습니다. 대표적인 예가 몽골의 침입 때 불에 타 버려 지금은 그 온전한 모습을 알 수 없는 황룡사 9층 목탑입니다. 이 탑은 선덕여왕 때 중국에서 유학을 마치고 돌아온 자장법사(慈藏法師)의 건의로 만들어지게 됩니다. 여기서 9라는 숫자는 신라를 둘러싸고 있는 고구려, 백제를 비롯한 9개국의 침입으로부터 신라를 지켜낸다는 호국불교의 정신을 표현합니다. 「의해(義解)」 편은 뛰어난 승려들에 대한 생애를 소개하고 있습니다. 원효와 의상을 비롯하여 화랑도에게 세속오계를 알려 준 원광법사의 생애와 일화 등이 나옵니다. 「신주(神呪)」 편은 귀신을 쫓아낸 이야기와 같이 신비스러운 주문에 대한 것입니다. 「감통(感通)」 편은 불교적인 감응을 받아 일어난

기적적인 사건들을 소개하고 있습니다. 그리고 고대 시가 문학인 '향가'가 등장합니다. 신라 경덕왕(景德王, ?~765) 때 해가 두 개가 나타나자, 이를 해결하기 위해 왕은 월명사(月明師)를 모셔옵니다. 그는 '도솔가(兜率歌)'를 지어 바쳤고 해 하나가 사라지게 된다는 것입니다. 그리고 월명사는 죽은 누이의 49제 때 '제망매가(祭亡妹歌)'라는 유명한 향가를 짓게 됩니다. 이러한 향가가 바로 『삼국유사』에 나옴으로써 우리는 고대 문학에 대한 탐구도 가능하게 된 것입니다. 「피은(避隱)」편은 세상을 떠나 숨어서 산 사람들의 생활을 다룬 것입니다. 마지막으로 「효선(孝善)」은 효성이 지극한 사람들에 대한 것입니다.

이렇게 「왕력」에서 「효선」까지 『삼국유사』는 우리의 고조선사를 복원하면서도 불교적인 이야기를 담고 있습니다. 무엇보다 일연은 정치적으로 불안하고 전쟁으로 고통 받던 고려 후기 시대에 사회적 불안과 모순을 극복하기 위해 과거의 전통을 역사로 남기는 작업을 선택했습니다. 중국 문화와 대등하면서도 독자적인 우리 문화에 자부심과 주체성을 가질 수 있도록 『삼국유사』라는 역사책을 집필한 것입니다.

조선 시대의 역사책 편찬

조선 시대에는 개인적으로나 국가적으로나 그 이전보다 훨씬 많은 역사책이 편찬됩니다. 우선 왜 고려가 멸망할 수밖에 없었으며 자연스럽게 그 뒤를 이어 조선이 건국될 수밖에 없었는지를 역사적으로 정당화하는 작업이 시작됩니다. 또한 그 이전까지의 역사를 객관적으로 정리하면서도 조선의 통치 이념인 성리학으로 우리의 역사를 체계화시키고 정리할 필요성도 나타나면서 다양한 역사책이 나타납니다.

먼저 고려의 역사를 서술한 『고려사(高麗史)』와 『고려사절요(高麗史節要)』를 봅시다. 이 두 책은 조선 태조(太祖, 1335~1408) 때 국가적으로 고려 시대에 대한 역사를 정리하기 위해 편찬되어 50여 년의 기간에 걸쳐 완성되었습니다. 이 두 권의 역사책을 편찬하는 데에는 많은 사람들이 관여했으며 그 대표적인 인물로는 김종서(金宗瑞, 1390~1453)가 있습니다. 같은 인물들이 편찬에 참여했지만 이 두 권은 상대적인 차이점이 있습니다. 『고려사』는 조선 시대 지배층 사이에 존재하였던 왕권과 신권(재상권)에 대한 가치 중에서 왕권에 좀 더 무게를 두고 있으며 기전체로 서술되었습니다. 기전체라고 하면 사마천의 『사기』나 김부식의 『삼국사기』에 등장한 역사 서술 방식입니다. 주로 인물 중심으로 서술하는 것입니다.

『고려사』는 전반적으로 군주를 중심으로 서술됩니다. 단, 우왕(禑王, 1365~1389)과 창왕(昌王, 1380~1389)은 신돈(辛旽, ?~1371)의 자식들이라는 이유로 다른 왕들과는 달리 「열전」 속에 나오며 그것도 「반역전」에 나타납니다. 그들이 왕이 아니라 반역자로 서술된 것에서 태조 이성계에 의한 조선 건국을 정당화시켜려는 의도를 엿볼 수 있습니다. 반면에 『고려사절요』는 재상 중심의 정치, 즉 신권에 좀 더 비중을 두고 있습니다. 그리고 역사 서술도 『고려사』와 달리 연대순으로 서술하는 편년체 방식을 채택하였습니다. 여기서는 왕의 기록 중에서도 정치적으로 중요한 부분만 간추렸으며 신하들의 활동은 그 직책과 함께 정리하여 수록하였습니다.

『고려사』와 『고려사절요』는 모두 지배층에 대한 역사라는 공통점이 있습니다. 고려 시대를 살아간 하층민에 대해서는 거의 나와 있지 않습니다. 조선 시대까지 신분제가 지속되었고 그 정점에는 왕이 있었습니다. 따라서 역사를 서술할 때, 그 대상은 자연스럽게 왕과 지배층이 되는 것입니다. 두 권 모두 고려 전기는 왕조가 발전하였던 시기로 평가하고, 무신정권 이후 고려 후기부터는 고려가 망해가는 부정적 시기로 평가하였습니다. 이 속에는 무인에 대해 낮게 보고 문신을 우대하는 조선 양반 사대부의 관점도 나타납니다.

『고려사』는 모두 139권으로 구성되어 있고 『고려사절요』는 전체 35권으로 구성되어 있습니다. 전체적으로는 『고려사』의 내용이 더 풍부하지만 거기에 없는 사실이 『고려사절요』에 수록되어 있기도 합니다.

조선의 역사를 알 수 있는 기본 자료로서 지금까지도 가장 많이 활용되는 것 중의 하나가 바로 『조선왕조실록』입니다. 이 책은 현재 국보 제151호로 지정되어 있고, 활자본이며 1,893권 888책으로 구성되어 있습니다. 1413년 태종 대에 처음으로 『태조실록』이 편찬되었고, 『철종실록』은 1865년 고종 대에 완성되었습니다. 『조선왕조실록』은 태조에서 철종까지 472년간 일어났던 역사적 사실을 각 왕별로 기록하였습니다. 기록을 담당한 사관들은 궁중에서 숙직하면서 조회나 경연, 각종 회의에도 참석하였고, 왕이 죽은 후 다음 왕의 즉위 초기에 이전 왕의 실록을 편찬하였습니다. 실록에는 선대 왕과 신하들에 대한 활동이 기록되어 있으므로 사관이 내용의 일부를 확인하는 경우를 제외하고는 그 누구에게도 이것을 보는 것이 허용되지 않았다고 합니다.

'사략'의 등장

기존의 역사서를 간략하게 요약한 '사략'의 형태로 나타나는 역사서도 조선 시대에는 여러 권 등장합니다. 대표적인 것이 『동국사략(東國史略)』인데, 이 역사서는 같은 이름으로 15세기부터 16세기까지 여러 권이 나타납니다. 그중에서 15세기에 태종(太宗, 1367~1422)의 명으로 만들어진 권근(權近, 1352~1409)의 『동국사략』과 16세기 사림파의 역사 인식이 잘 담겨 있는 박상(朴祥, 1474~1530)의 『동국사략』을 구체적으로 알아봅시다.

권근의 『동국사략』은 조선 초 강력한 왕권을 펼치고 싶은 태종의 의도로 편찬된 역사책입니다. 강력한 왕권은 역사적으로 고대사에서 집중적으로 나타납니다. 오로지 왕에 의해 이루어지는 '전제 왕권'은 바로 고대 시대에 가능하였으니까요. 따라서 태종은 단군조선부터 주로 고대사에 관한 역사를 다루도록 명합니다. 이에 권근 등의 신하들은 『삼국사기』의 분량을 대폭 줄이고 내용을 과감히 뜯어고쳐 연대순으로 역사를 서술하는 편년체 중심의 『동국사략』을 편찬합니다. 여기에는 『삼국사기』에 빠져 있던 단군조선, 기자조선, 위만조선 그리고 한사군과 삼한의 역사도 실리게 됩니다. 이 책의 특이한 점은 '마한이 백제, 변한이 고구려, 진한이 신라' 라는 새로운 주장을 내세우고 있다는 것입니다. 한편, 부여나 옥저, 가야와 발해 등의 역사는 생략되었고 중국의 세력을 훨씬 강조하였습니다. 고구려, 백제, 신라에 대해서는 김부식과 마찬가지로 신라를 정통으로 보았습니다. 또한 김부식보다 더 철저히 중국에 대한 예법을 따라 『삼국사기』에서도 나온 거서간, 차차웅, 이사금, 마립간 등의 신라 왕에 대한 고유한 칭호를 모두 비판하고 '왕' 으로 바꾸었습니다.

박상의 『동국사략』은 16세기에 새롭게 등장하는 양반 세력, 즉 사림들의 입장을 대표하는 역사서입니다. 사림은 고려 말 길재(吉再, 1353~1419), 정몽주(鄭夢周, 1337~1392), 이색(李穡, 1328~1396) 등의 온건파 신진사대부의 사상을 계승한 이들로 주로 왕도 정치를 주장하고 성리학을 통해 인간의 본성을 탐구하며 지방자치를 강조한 이들입니다. 주로 성종 때부터 정치 일선으로 나오기 시작하였는데 우리가 잘 아는 퇴계 이황, 율곡 이이 모두 사림파입니다.

현재까지 전해지는 박상의 『동국사략』은 당시의 사림을 비롯한 양반 사대부들에게 많은 영향을 주었다고 합니다. 이 『동국사략』은 그 이전에 있었던 『동국통감』이라는 역사서를 10분의 1로 간략하게 축약한 것입니다. 주로 유교적인 가치 기준에서 인정할 만한 충절, 지조, 절의 등에 맞는 성리학적 가치를 기준으로 인물을 다뤘습니다. 단군조선과 함께 기자조선이 등장하고 우리의 옛 역사가 한반도를 중심으로 이루어졌다고 인식하였습니다. 특이한 것은 기존의 조선 전기 역사책이 보여 준 고려에 대한 비판과 조선 건국의 정당성에 관련된 인식과는 다른 관점을 보여 준다는 점입니다. 조선을 건국하는 데 일등 공신인 정도전(鄭道傳, 1342~1398) 등을 오히려 비판하고 이색, 정몽주 등 조선 건국에 반대하며 충절을 지키려한 인물들을 칭송한 것입니다.

　마지막으로 15세기 중엽 세조의 명으로 시작되어, 성종 대에 완성이 된 『동국통감(東國通鑑)』을 봅시다. 이 책은 조선 전기를 대표하는 역사책입니다. 처음에는 세조가 왕위에 오르는 데 공을 세운 신하들을 중심으로 책이 쓰였으나 성종 대에는 왕도정치를 구현하려는 사림에 의하여 완성되었습니다. 『동국통감』은 연대순으로 역사를 서술한 편년체 역사서로, 『삼국사기』와 『고려사』에서 빠진 부분을 보충하였습니다. 이 책은 단군조선부터 고려 멸망까지의 역사를 다루었습니다. 단군조선이 등장하지만 그보다는 기자조선에 대해 더 상세히 기록을 남겼습니다. 이 책에서 우리 민족사의 정통은 기자조선에서 마한으로, 그리고 신라로 이어진다고 보았습니다. 신라를 정통으로 보기 때문에 신라 마지막 왕인 경순왕이 고려에 항복한 것을 비판하였고 고려의 건국 또한 비판적으로 보았습니다. 한편 조선은 유교에 기반한 도덕 정치와 중국을 사대하는 외교 정책을 받아들였으므로 이 책에서는 고려 태조 왕건이 옛 고구려의 영토를 회복하고자 한 북진정책이나 발해에 대한 포섭책 등을 매우 낮게 평가하였습니다. 또한 불교나 전통 신앙에 대하여 가차 없이 비판하였습니다.

실학자들의 역사책 편찬 :
안정복의 『동사강목』과 유득공의 『발해고』

　조선 후기에는 실학자들이 편찬한 역사책이 눈에 띕니다. 무엇보다 우리 것에 대한 관심과 근대적인 탐구 방법이 녹아들어 있기 때문입니다. 그중 실학자인 안정복(安鼎福, 1712~1791)의 『동사강목(東史綱目)』은 조선 후기를 대표하면서 그의 역사관이 녹아 있는 역사서입니다. 『동사강목』은 영조(英祖, 1694~1776) 말년에 시작하여 정조(正祖, 1752~1800) 때에 완성됐으며 스무 권으로 이루어졌습니다. 무엇보다 실학자 안정복이 이 책을 만든 이유는 당시에 중국의 역사는 잘 알아도 우리의 역사를 제대로 알지 못한다는 사실과 전해져 오는 역사책 중에서 고증을 제대로 거친 역사책이 별로 없다는 이유 때문이었습니다.

　이 책에서는 '강목(綱目)'이라는 말이 눈에 띕니다. '강목'이란 역사 서술 방식으로 앞에서 보았던 편년체, 즉 연대순으로 서술을 하면서도 '강'에서는 기본이 되는 사실을, '목'에서는 그 기본 사실의 내용을 여러 역사책에서 보충하고 모아 서술하는 방식을 말합니다. 또한 안정복 자신의 의견을 적기도 하였습니다. 우선 그는 이 책에서 단군, 기자, 마한, 통일신라, 고려를 정통한 우리 역사로 취급하였습니다. 삼국시대는 어느 하나를 딱히 우리 민족의 정통으로 꼽을 수 없기 때문에 '정통이 없다'라는 뜻으로 '무통(無統)'이라고 처리하였습니다. 그는 단군조선을 우리 민족의 역사의 시작으로 보았습니다. 기자조선도 우리 역사의 정통으로 인정하였는데, 기자가 예법을 가지고 옴으로써 우리나라가 문화국가가 되었다고 보았기 때문입니다. 그 다음 삼한 중에서 마한을 정통으로 본 것은 기자의 후손이 마한의 왕이 되었다고 보았기 때문입니다. 한편, 위만조선이나 궁예, 견훤 등은 정통 국가에 대해 적대적이었기 때문에 비난의 대상이 됩니다. 진한, 변한, 옥저, 가야 등은 정통으로 본 국가에 예속된 관계라고 보았습니다. 발해는 우리 역사는 아니지만 그 영토가 우리와 관련된다고 보았습니다.

안정복은 기존에 중국 중심의 역사관을 벗어나서 우리 역사의 독자성을 '정통론'을 통하여 부각시키려는 목적이 있었습니다. 또한 실학자답게 고증을 위해 이 책의 부록으로 '지리고(地理考)'를 작성하였습니다. 그는 여기서 단군조선, 기자조선, 부여의 영토를 한반도가 아니라 요동지역으로 보았으며 우리나라가 단군과 기자의 옛 영토인 요동을 차지하지 못한 것이 약소국이 된 중요한 원인으로 보았습니다.

한편, 실학자들에 의해 우리 역사에 대한 관심은 발해로 확장됩니다. 발해의 역사를 서술한 이가 바로 실학자 유득공입니다. 그는 『열하일기』로 유명한 박지원, 박제가, 이덕무 등과 함께 청나라의 문물을 배우고 상공업을 발전시키자고 주장한 북학파의 한 사람이기도 합니다. 당대에 시인으로도 명성을 날리기도 했던 그는 서얼 신분이라는 한계를 딛고 역사가로서 뚜렷한 획을 긋습니다.

그가 발해를 비롯한 우리의 북방 역사에 대해 관심을 가지게 된 것은 1차적으로는 고려 시대의 역사 인식이 고구려와 발해사를 담고 있지 못한 데에서 비롯하였습니다. 또한 그가 살고 있던 조선 사회가 성리학을 중심으로 한 문치주의로 인해 정신력이 나약해지고 강건하고 무를 숭상하는 기질이 사라지고 있는 현실에 대한 비판에서 그의 역사 인식은 시작합니다.

유득공이 지은 『발해고(渤海考)』는 전체 9장으로 구성되어 있는데, 그 내용은 대조영이 발해를 건국한 것에서 출발하여 발해의 역대 왕과 신하, 지리, 관청 및 관직, 의식과 복장, 언어 등을 담고 있습니다. 이러한 내용과 함께 『발해고』가 역사적인 의미를 가지는 부분은 바로 서문에 담긴 유득공의 역사관 때문입니다.

그는 처음부터 "고려가 발해사를 짓지 않았으니, 고려의 국력이 떨치지 못하였음을 알 수 있다."고 하여 고려 시대에 발해사에 대한 기록을 역사로 편찬하지 못한 것을 비판합니다. 또한 "부여씨(부여)가 망하고 고씨(고려)가 망하자 김씨(신라)가 그 남쪽을 영유하였고, 대씨가 그 북쪽을 영유하여 발해라 하였다. 이것이 남북국이라 부르는 것으로 마땅히 남북국사가 있어야 했음에도 고려가 이를 편찬하지 않은 것은 잘못이다."라고 하였습니다. 『삼국사기』와 『삼국유사』 모두 궁예와 견훤이 세운 후고구려나 후백제도 기술하고 있지만 발해는 빠져 있었습니다. 이러한 우리 역사에 대한 잘못된 인식을 비판하며 그는 신라가 통일을 하였지만 엄연히 그것은 한반도 남쪽에 그친 미완의 통일이며 고구려의 옛 영토와 지배를 이어받은 발해가 당연히 우리 역사에 포함되어야 함을 강조하는 것입니다. 따라서 '통일 신라사'가 아니라 '남북국사'라는 명칭으로 역사를 인식해야 함을 의미하는 것입니다. 오늘날 우리가 당연하게 받아들이는 '발해사'와 '남북국 시대'라는 명칭이 18세기가 되어야 등장한 것입니다. 역사가의 역할이 얼마나 중요한지 알 수 있는 부분입니다. 이를 통해 유득공은 우리의 역사학에서 최초로 '남북국 시대론'을 언급하며 우리 역사를 발해까지 확대한 큰 역할을 함으로써 하나의 획을 그었습니다.

그렇다면 왜 발해가 우리의 역사일까요? 오늘날 중국의 입장을 보면 발해는 당의 지방 정권이었고 인구 구성 면에서도 말갈족이 다수를 구성했었기 때문에 발해가 고구려를 계승했다는 사실을 거부하는 이른바 '동북공정'을 얘기하고 있습니다. 유득공은 이에 대해 다음과 같이 말합니다. 그는 "무릇 대씨는 누구인가? 바로 고구려 사람이다. 그가 소유한 땅은 누구의 땅인가? 바로 고구려 땅으로, 동쪽과 서쪽과 북쪽을 개척하여 이보다 더 넓혔던 것이다. 김씨가 망하고 대씨가 통합하여 고려라 하였다."고 서술하였습니다. 발해의 지배층이 고구려를 계승하였으며 그 영역도 기존 고구려의 영토를 흡수하고 오히려 확대시켰다는 것입니다. 또한 왕건이 통일신라뿐만 아니라 고구려를 계승한 발해까지도 통합하였기 때문에 그가 국호를 '고려'라고 한 것이라고 주장함으로써 발해가 당연히 우리 역사임을 강조하고 있습니다.

유득공은 이 서문에서 18세기에 발해의 역사를 제대로 쓰고 싶지만 문헌, 즉 발해에 대한 사료가 흩어진 지 수백 년이 지나 한계가 있음을 탄식하고 있습니다. 그럼에도 불고하고 그가 발굴해 낸 최대한의 사료를 중심으로 발해의 역사를 복원한 유득공은 우리가 반드시 알아야 할 역사가입니다.

조선 말기에 들어 일제는 우리나라의 국권을 강제로 빼앗고 조선 총독부를 설치하여 우리 민족을 말살하는 식민 통치를 강행하였습니다. 이에 대해 역사학자들은 일제의 식민사학에 맞서 민족의 독립을 쟁취하고 우리 민족의 역사를 지키기 위한 다양한 노력을 전개하였습니다. 이제부터 우리의 대표적인 역사학자인 신채호, 정인보, 백남운의 활동을 살펴볼까 합니다.

실천적 역사가 : 신채호

먼저, 역사가 신채호(申采浩, 1880~1936)는 독립운동가로 더욱 유명

한 인물입니다. 일제강점기를 민족의 독립을 위해 오로지 몸 바친 그의 일생은 한 편의 드라마처럼 보일 정도입니다. 무엇보다 그는 우리가 흔히 생각하는 책상머리 앞의 역사가와는 전혀 다른 모습을 보여줍니다. 시대의 급격한 변화와 민족의 위기를 외면하지 않고 정면으로 맞선 실천적인 역사가인 것입니다.

그는 어려서 서당에서 한학을 공부했고 성균관에 입학하여 유학을 배웠습니다. 그러다 중국·일본의 신서와 개화파의 서적을 읽으며 개화를 통해 부국강병을 이루자는 주장에 공감하기도 하였습니다. 1905년부터는 「황성신문(皇城新聞)」과 「대한매일신보(大韓每日申報)」의 논설기자로도 활동하였습니다. 일제에 맞서기 위해 비밀단체인 신민회(新民會)에 참여하기도 하였으며 우리 민족의 웅대한 고대사를 직접 찾아보기 위해 만주를 철저하게 답사하고 고구려사에 대한 다양한 역사적 해석을 내리기도 하였습니다.

한편, 대한민국 임시정부에 참여하여 무장 투쟁을 주장하였고 일제 요인을 암살하거나 일제 시설을 파괴하던 의열단의 요청을 받고 '조선혁명선언(朝鮮革命宣言)'을 집필하여 강력한 폭력 혁명을 선언하기도 하였습니다. 그 후 자신이 직접 아나키스트(anarchist, 무정부주의자)로 활동하다 일제 경찰에 의해 치안유지법과 유가증권위조 등의 혐의로 체포되어 10년형을 언도받았습니다. 결국 그는 출옥 직전 뇌일혈로 쓰러져 1936년에 57세의 나이로 죽음을 맞이하였습니다.

안타깝게도 그는 일제의 호적 등록을 거부하고 1936년 사망하였기 때문에 1948년 대한민국 헌법에 따른 '대한민국 국적'을 현재까

❀ 신민회(新民會)
1907년에 결성된 항일 비밀 결사회이다.

❀ 의열단(義烈團)
1919년 김원봉이 중심이 되어 조직된 항일 무장 단체이다.

❀ 조선혁명선언
(朝鮮革命宣言)
1923년 신채호가 작성한 선언서로 일본에 대한 무장 투쟁과 폭력 사용의 정당성을 주장하였다.

지도 갖지 못하고 있는 상태입니다. 그의 시신 또한 국립묘지에 안장되지 못하고 물구덩이에 잠긴 채 오랫동안 방치되었고 그의 무덤은 파헤쳐져 현재는 가묘 상태로 있을 정도입니다.

이런 극적인 삶 속에서 드러난 그의 역사학은 무엇일까요? 그는 무엇보다 역사를 민족 중심으로 볼 것을 주장하였습니다. 「대한매일신보」에 쓴 「독사신론(讀史新論)」에서 신채호는 민족을 버리면 역사가 없으며 역사를 버리면 민족의 그 국가에 대한 관념이 크지 않다고 주장하면서 역사를 서술하는 데 있어서 그 주체를 '민족'으로 설정하였습니다. 이전까지 신라, 고려, 조선의 왕조 중심으로 역사를 서술하던 관행에 대한 비판이자 민족주의 사관을 확립한 것입니다. 또한 이 글에서는 부여와 고구려, 발해의 역사를 강조하여 만주까지를 우리 영토로 보았으며 이러한 고대사의 인식을 통해 일제 강점기에 국권을 회복하자는 생각을 담기도 하였습니다. 또한 『조선상고사(朝鮮上古史)』에서는 역사를 '아(我)와 비아(非我)의 투쟁'이라고 선언하였습니다. 이 말은 그가 남긴 다음 글을 보면 좀 더 이해하기 쉽습니다.

"역사란 무엇이뇨? 인류 사회의 나와 타인의 투쟁이 시간부터 발전하며 공간부터 확대되는 심적 활동 상태의 기록이니, 세계사라 하면 세계 인류의 그리 되어 온 상태의 기록이며, 조선사라 하면 조선 민족의 그리 하여 온 상태의 기록이니라."

이 글 속에서 그는 민족주의 역사관을 좀 더 확실하게 표현했습니다. 따라서 주체적인 나, 즉 우리 민족이 타민족과의 투쟁을 하는 항일 독립운동은 역사적으로도 정당성을 확보할 수 있는 것입니다. 한편, 『조선사연구초(朝鮮史研究草)』에서는 '조선역사상 일천년래 제일 대사건(朝鮮歷史上一天年來第一大事件)' 이라 하여 우리 민족은 역사적으로 자주적이고 주체적인 역사를 가지고 있었는데 묘청의 서경천도운동이 사대주의 세력이었던 김부식 등에 의해 좌절되면서 그가 살고 있는 일제 시대까지 사대주의적 요소가 남게 되었다고 보았습니다. 만약 묘청의 서경천도운동이 성공하였다면 우리 역사가 좀 더 독립적이고 진취적으로 발전할 수 있었을 것이라고 보았던 것입니다. 신채호는 민족주의 역사학을 확립시켰으며 역사를 통해 우리 민족이 독립할 수 있는 근거를 마련한 실천적 역사가입니다.

식민사관의 거부 : 정인보

정인보(鄭寅普, 1893~1950)는 일제강점기 시절 '얼사관'을 주장한 민족주의 역사학자입니다. 그는 어려서 전통적인 양명학(陽明學)을 배웠고 국권 피탈 후에는 상해에서 신채호, 박은식 등과 함께 동제사(同濟社)라는 조직을 만들어 독립운동을 하기도 했습니다. 그리고 오늘날 우리가 국경일 하면 떠올리는 광복절, 삼일절, 개천절 등에서 부르는 노래를 작사한 사람입니다. 여러분들도 '기미년 삼월 일일'로 시작하는 삼일절 노래나 '우리가 물이라면 새암이 있고, 우리가 나무라면 뿌리가 있다. 이 나라 한아버님은 단군이시니'로 시작하는 개천절 노래를 알 것입니다. 이 노랫말을 만든 사람이 바로 정인보입니다.

특히 정인보는 오늘날 우리가 실학이라고 배우는 조선 후기 학문의 흐름을 체계화하였습니다. 1934년 다산 정약용이 죽은 지 99년을 맞아 『여유당전서(與猶堂全書)』, 즉 정약용의 저서를 간행하였습니다. 그 외에도 이익, 홍대용, 김정희 등 조선 후기 실학자들에 대한 책을 일제 시대에 간행하면서 우리의 전통과 주체적인 문화와 학문에 대한 재발견을 시도하였습니다. 그의 노력이 없었더라면 우리는 조선 후기에 탄생된 주체적이며 근대적, 개혁적인 학문이자 사상인 실학에 대해 제대로 알 수 없을 것입니다.

역사학자로서 그는 얼사관을 주장합니다. 우리가 흔히 '얼빠진 사람'이라고 할 때 말하는 '얼'은 정인보가 말한 것으로 정인보는 이 얼이 빠진 사람은 껍데기만 있는 사람이라고 하였습니다. 얼은 사람의 존재를 규정하는 말입니다. '혼'과 비슷한 의미라고 생각하면 될 것입니다. 그는 이 얼은 개개인만이 아니라 각 민족에게도 존재하여 비록 우리처럼 일제에 의해 국권을 빼앗겼더라도 이 민족의 얼을 확립하는 과정을 통해 독립을 이루어 낼 수 있다고 주장했습니다. 그래서 그의 얼 사관은 민족의 존재와 독립을 이루려는 그의 민족주의 역사학을 대표하는 내용입니다.

한편, 정인보는 당시 일제에 의해 정립된 식민사관에 대해 맞서 싸웠습니다. 대표적으로 그는 단군의 역사를 '신화'라고 보는 것에 대해 반대하며 신화인 부분과 사실인 부분을 구분할 것을 주장하였습니다. 즉, 우리 민족의 역사가 단군에서 시작되었음을 역사적으로 고증하는 데 주력하였습니다. 그는 단군이 신이 아닌 인간이며 평양성에 도읍을 정하고 조선이라는 국가를 세운 것은 사실이라고 주장하였습니다. 여기서 평양성은 백두산 일대를 가리키며 평양은 수도를 가리키는 옛날 말이라고 하였습니다. 또한 단군이 신이 되었다는 『삼국유사』의 기록은 그를 신으로 숭배한 후세 사람들의 표현이라고 해석하였습니다.

당시 일제 식민사관에서 조선을 통치하기 위해 만들어 낸 역사이론으로 '타율성론'이 있습니다. 이는 고대부터 우리나라는 이미 중국의 기자에 의해 지배를 받았고 고조선 또한 멸망한 후 중국이 만든 한사군에 의해 지배를 받았다는 논리입니다. 또한 임나일본부(任那日本府)의 존재를 들어 백제, 신라, 가야가 일본의 지배를 받았다고 주장하며 조선의 식민 지배를 정당화하려고 의도하였습니다. 이에 대해 정인보는 우리가 앞에서 본 것처럼 기자조선은 잘못된 것이며 한사군이 지배한 영역 또한 압록강 이남 지역, 즉 한반도는 아니라는 것을 역사적 고증을 통해 주장하였습니다. 임나일본부의 존재에 대해서는 신채호와 마찬가지로 '광개토대왕비'에 새겨진 기록을 철저히 분석하여 반박하였습니다. 당시 일본은 광개토대왕비의 기록을 해석하며 왜(일본)가 바다를 건너 백제와 신라를 격파하였다고 하였는데, 정인보는 거꾸로 왜가 아니라 고구려가 일본을 몰아낸 것이라고 해석하였습니다.

그는 신채호와 박은식의 민족주의 역사학을 계승하면서 우리의 고대사와 조선 후기에 대한 연구를 통해 독자적이고 주체적인 역사와 사상, 문화가 있었음을 강조하여 ‘얼’을 통한 우리 민족의 자주적인 역사와 독립을 주장한 역사가입니다.

역사 발전의 보편적 법칙 : 백남운

백남운(白南雲, 1895~1974)은 일제 강점기 경제사를 중심으로 우리나라의 발전 법칙을 역사적으로 규명한 역사가입니다. 고등학교 한국근현대사 교과서에서 백남운은 고대에서 중세, 그리고 근대로 발전하는 역사 발전의 보편적 법칙이 한국사에도 적용된다는 것을 강조하였고 사회경제 사학을 통해 일제 식민 사관인 정체성론을 비판하는 성과를 거둔 사학자로 서술되어 있습니다.

백남운의 역사학은 신채호나 정인보 등으로 대변되는 민족주의 역사학과는 다릅니다. 민족주의 역사학이 일제 식민사관을 극복하기 위해 민족을 중심으로 우리의 영웅적이고 자랑스러운 역사를 복원하며 독자적인 정신문화가 있었음을 강조합니다. 이에 반해 백남운은 역사를 과학으로 여깁니다. 따라서 우리 역사 속 법칙을 찾는 것에 관심을 기울입니다. 그리고 서양에서 말하는 역사의 보편적인 법칙을 우리 조선의 경우에 대입해 보면, 그 명칭이나 시기가 똑같지는 않지만 비슷한 패턴을 가지고 발전하였다는 것을 과학적으로 입증하였습니다. 그 발전 법칙을 분석하는 중심에는 기존의 정치사나 문화사 중심과 달리 물질, 즉 경제적인 측면이 있습니다. 백남운은 한 사회의 생산력과 생산 관계의 변화가 역사에 미치는 영향을 증명하려고 노력하였습니다. 그는 서양의 보편적인 역사 법칙이 조선에도 적용되었음을 증명했습니다. 그리하여 일제가 내놓았던 식민사관인 "조선은 고대 사회에서 여전히 머물러 있어 발전이 없었고 따라서 일제의 식민 지배로 조선도 겨우 발전할 수 있게 되었다."는 내용을 과학적으로 비판하려고 한 것입니다.

그는 서양의 고대 그리스·로마 시대에 노예가 존재하고 그 노예 노동으로 이 두 나라가 발전하였던 것처럼 우리 역사도 고구려·백제·신라의 경제가 노예 노동에 의해 경제적으로 뒷받침되었다고 보았습니다. 특히 고대 우리 민족국가의 발전은 당시 가장 선진국이라고 볼 수 있는 고구려를 중심으로 전개되었다고 주장하였습니다. 또한 순장(殉葬)의 풍습이 사라지고 대토지 소유자가 늘어나면서 봉건사회로 넘어갔다고 보았습니다. 즉, 신라가 통일한 이후부터 고려와 조선을 거치면서 서양의 중세 봉건사회처럼 우리도 농노 중심의 봉건사회가 있었다는 것입니다.

이후 조선 후기 양반 중심의 신분제가 해체되는 과정과 상품 경제가 발전하면서 조선 내부에서도 서양처럼 근대 자본주의 사회로 나아갈 수 있는 역사적 과정이 있었다고 보았습니다. 그러한 보편적 발전이 일본 제국주의 침략과 그들에 의해 식민지라는 지배를 받게 되면서 오히려 왜곡되었다고 본 것입니다.

이렇게 백남운은 우리나라도 서양처럼 보편적 역사 법칙을 따르면서도 독자적인 근대화가 진행될 가능성에 대해 역사적으로 입증함으로써 일제가 내세운 식민지 미화론을 거부하고 일제강점기 식민 통치의 침략적 본질을 역사적으로 폭로하였습니다.

그는 『조선사회경제사(朝鮮社會經濟史)』에서 조선사 연구는 과거의 역사적 사회적 발전의 변동 과정을 구체적이고 현실적으로 밝히는 것이며 이론화하는 것이라고 명시하였습니다. 그리고 조선사 연구는 세계사적 방법론 아래에서, 즉 보편적인 법칙 속에서 조선 민족의 생활 발전사가 어떠했는가를 이해하게 되면 순조롭게 진행될 것으로 보았습니다. 일제의 왜곡된 역사관의 법칙성이나 논리를 과학적으로 반박하고 조선의 발전 과정을 사회 경제사를 중심으로 보려 한 것이 바로 백남운의 역사학입니다.

우리나라의 역사학의 흐름은 김부식이 지은 『삼국사기』부터 시작된다고 볼 수 있습니다. 일연은 『삼국유사』에서 단군에 관한 역사를 처음으로 소개하였습니다. 고려의 역사는 주로 조선 시대에 편찬되었으며 『고려사』와 『고려사절요』가 대표적인 역사서입니다. 두 책은 모두 조선의 건국을 정당화하는 시각에서 고려를 보고 있습니다. 그 외에도 조선 시대에는 국가적으로 많은 역사서를 편찬하고 특히 조선 후기에는 실학자들이 중심이 되어 우리 역사의 사실 관계를 꼼꼼이 따져 편찬한 역사서가 나옵니다. 안정복의 『동사강목』과 유득공의 『발해고』가 대표적인 역사서입니다. 한편 일제 시대에도 우리 역사 연구는 이어져 신채호와 정인보 등의 민족주의 사학과 백남운으로 대표되는 사회경제 사학이 등장하였습니다. 우리나라 역사학의 흐름을 스스로 정리해 봅시다.

역사를 통한 삶의 성찰

지금까지 우리는 고대에서 최근까지 역사학의 흐름과 우리나라의 역사가와 역사책에 대해서 알아보았습니다. 그러면서 역사가들이 과거라는 시간 속에서 인간에 대한 탐구를 계속해서 진행하여 온 것을 이해할 수 있었습니다. 그리고 역사가들이 과거의 객관적인 사실과 자신의 주관적인 해석을 다양한 형식과 방법으로 구체화시켰다는 것도 알 수 있었습니다. 오늘날 우리가 배우는 역사는 이러한 역사가들의 탐구와 노력이 종합적으로 담긴 것입니다. 그리고 이러한 역사를 배움으로써 과거의 인간과 오늘의 우리를 좀 더 이해하는 길을 찾을 수 있을 것입니다. 또한 우리가 가지기 쉬운 편견과 고정 관념을 넘어 인간에 대한 깊이 있는 성찰을 할 수 있는 길을 역사에서 찾을 수 있을 것입니다.

역사는 편견과의 싸움입니다. '신대륙의 발견'이라는 표현을 봅시다. 1492년 콜럼버스(Christopher Columbus, 1451~1506)는 신대륙을 발견합니다. 인도로 가는 새 항로를 찾아 출발하였던 콜럼버스는 오늘날의 미국과 쿠바 인근의 한 섬에 도착하고 원주민들이 '과나아니'라고 부르는 섬을 '산 살바도르(San Salvador)', 즉 구세주의 섬이라고 이름붙입니다. 콜럼버스는 죽을 때까지 자신이 발견한 신대륙을 인도라고 착각하였고 오늘날에도 우리는 아메리카 대륙의 일부를 '서인도 제도'라고 부릅니다. 콜럼버스의 서인도 제도의 힘은 강력하여 훗날 영국이나 네덜란드가 진짜 인도를 식민지로 삼기 위해 진출하면서도 굳이 '동인도'라는 표현을 썼습니다.

그리고 우리는 아메리카 원주민들을 '인디언'이라고 부릅니다. 우리가 잘 알고 있는 아메리카 대륙의 발견(물론 아메리카라는 대륙의 명칭도 아메리고 베스푸치라는 서양인의 이름을 딴 것입니다)은 오로지 역사에서 서양의 관점입니다. '발견'은 그 이전까지는 그들의 눈에 띄지 않았는데 이제 발견되면서 서양의 역사에 편입이 되었다는 의미를 내포한 표현입니다. 그렇지만 콜럼버스가 아메리카 대륙을 발견하기 전까지 이곳에는 분명히 독자적으로 마야와 잉카와 같은 거대한 문명이 존재하고 있었습니다. 하지만 서양인의 눈에 그것은 미개한 야만인의 것이었고 따라서 이제 콜럼버스의 발견에 의해 서양의 기독교와 근대 문명이 전해지면서 세계사 속에 편입되는 것입니다.

콜럼버스의 발견은 여기서 그치지 않습니다. 발견 이후에 원주민들과 서양인들은 교류보다는 충돌을 만들고, 결과적으로 서양인에 의한 지배가 확산됩니다. 콜럼버스의 발견으로 유럽에 알려진 서인도제도에는 타이노 족과 아라와크 족이라는 원주민들이 있었습니다. 그러나 아메리카 대륙에서 금과 보석을 탐한 스페인에 의해 콜럼버스가 산살바도르에 온 지 10년도 못 되어 여기 살고 있던 원주민 부족 수십만 명이 몰살을 당합니다. 유럽인에 의한 발견이 정복으로 이어지는 세계사적 현상은 계속됩니다.

가장 충격적인 것은 페루의 고지대에 있던 잉카(Inca)에 대한 스페인의 정복입니다. 피사로(Francisco Pizarro, 1475?~1541)가 이끄는 스페인의 168명은 8만 대군을 이끌고 있던 잉카 제국을 무찌르고 잉카의 황제를 생포합니다. 아무리 스페인이 강력한 전투력과 총을 보유하고 있었다고 하더라도 어떻게 이러한 일이 가능할 수 있을까요?

재레드 다이아몬드(Jared Diamond)의 『총, 균, 쇠(Guns, Germs, and Steel)』에서는 잉카라는 아메리카 대륙의 고유한 문명을 가진 제국이 무너진 결정적인 요인으로 유럽인에 의해 퍼진 전염병, 즉 세균을 꼽습니다. 콜럼버스와 스페인 인들이 아메리카에 들어오면서 자연스럽게 가지고 온 것 중 하나가 바로 전염병입니다. 8만 대군의 잉카 황제가 잡히기 전에 이미 잉카에는 유럽에서 들어온 천연두로 남아메리카의 많은 원주민들이 급속히 죽어 가고 있었습니다. 유럽인들이 가져온 천연두, 홍역, 인플루엔자, 발진 티푸스 등과 같은 각종 질병은 면역성이 전혀 없던 원주민에게 빠르게 퍼져 나갔다는 것입니다. 이 전염병으로 스페인 군대가 본격적으로 오기 전에 잉카 황제와 신하들은 이미 죽었고 그 바람에 왕위 계승 문제를 놓고 잉카는 분열 위기에 처해진 상황이었습니다. 실제 콜럼버스가 도착한 이후 유럽의 전염병으로 인해 원주민의 인구수가 한두 세기에 걸쳐 최대 95%가 감소했다는 추정도 있습니다. 물론 전염병에 더하여 스페인의 쇠갑옷, 쇠투구 등은 원주민들이 쓰는 곤봉을 너끈히 막아낼

15세기부터 16세기 초까지 남아메리카의 중앙 안데스 지방에 있었던 고대제국이다.

만한 위력을 가졌습니다. 거기에 빠른 말과 총은 잉카인들을 혼란과 공포에 휩싸이게 하기에 충분하였지요.

유럽의 신대륙 발견은 단지 발견이 아니라 정복으로 이어졌고 그로인해 원주민들의 문명은 지금까지 온전하게 남아 있을 수 없게 됩니다. 우리가 미국을 포함하여 아메리카에 대한 역사를 제대로 알아야 하는 이유가 여기 있습니다. 아메리카 대륙에도 마야나 잉카 같은 고유한 문명을 가진 국가가 있었다는 것입니다. 그리고 우리는 서양의 관점에서 '발견'이 아메리카 원주민에게는 엄청난 재앙이었다는 것도 알아야 할 것입니다. 여전히 우리는 서양의 눈으로 역사를 보고 있지는 않을까요? 이런 서양의 편견을 넘어서는 순간 우리는 우리가 잘 몰랐던 지역이나 사람들에 대한 편견이나 무지, 오해에서 벗어나 그들을 이해할 수 있는 새로운 눈을 가지게 됩니다. 결국 역사를 제대로 알아야 세상에 대해 올바른 시선을 가질 수 있는 것입니다.

서구 중심으로 세상을 바라보는 편견에 대한 부분은 '십자군 원정(Crusades)'에서도 나타납니다. 십자군 원정은 유럽에서 11세기부터 13세기까지 기독교의 성지인 예루살렘을 탈환하기 위하여 총 8회에 걸쳐 이슬람과 겨룬 원정을 말합니다. 우리는 세계사에서 이 십자군을 오로지 유럽의 역사로만 배웁니다. 셀주크 투르크라는 이슬람 세력에 의한 순례자들의 수난, 이를 호소하는 교황과 8차례에 걸쳐 발생했던 십자군 원정의 주요 사건들을 학습합니다. 그렇지만 여전히 서구 중심적인 편견에서 벗어나기 어렵습니다. 우리는 교과서에서 이에 대한 이슬람의 입장이나 그들에게도 예루살렘이 중요한 이유를 발견할 수 없습니다.

　예루살렘은 이슬람에게도 마호메트(Mahomet = Muhammad, 570~632) 가 승천한 곳이고 사원도 있는 곳으로 그들의 입장에서 이곳은 성지입니다. 이러한 균형 잡힌 역사를 알아야 십자군 원정을 제대로 파악할 수 있습니다. 십자군 원정에서 유럽의 많은 왕뿐만 아니라 이슬람의 여러 왕들도 등장합니다. 이슬람의 살라딘(Salah ad-Din Yusuf ibn Ayyub, 1137~1193)은 제3차 십자군 원정(1188~1192)에서 오히려 예루살렘을 탈환한 이슬람의 왕입니다. 그는 제1차 십자군 원정(109 ~1099)에서 예루살렘을 차지한 십자군과 대조적으로 예루살렘의 유럽인들을 인도적으로 귀환시켰고 유럽에 상당히 호의를 보였던 인물이라고도 알려져 있습니다. 그러나 이슬람교도의 승리와 관용에 대해 우리는 잘 모릅니다. 역사를 제대로 들여다보면서 우리가 갖고 있는 이슬람에 대한 역사적 편견도 이제 벗어야 합니다.

　이슬람은 오늘날 세계의 4분의 1을 차지할 정도의 세계 최대 단일 문화권을 형성합니다. 이슬람을 믿는 이들이 섬기는 알라신은 유대교, 기독교의 유일신과 같은 것입니다. 이슬람은 우리가 치과에서 쓰는 아말감이나 알코올, 알칼리라는 것을 만들어 낸 문화권입니다. 또한 중세에 아리스토텔레스 등의 그리스 철학과 문학을 보존하고 그것을 아랍어로 번역도 하며 다양한 형태의 인류 문화를 보존해 왔습니다. 이슬람 제국에서는 기독교나 유대교 등이 종교의 자유와 경제적 권리 등을 인정받을 수 있었습니다. 역사적으로 이슬람은 타종교인이 개종을 하면 각종 세금을 면제해 주었으며 개종을 강요하기

❀ 마호메트
(Mahomet=Muham
mad, 570~632)
610년 경 알라의 계시를 받고 이슬람교를 창시했다.

❀ 살라딘
(Salah ad-Din
Yusuf ibn Ayyub,
1137~1193)
북아프리카에서 시리아 · 메소포타미아에 이르는 제국을 형성하고 이슬람 세계의 통일을 회복했다. 제3차 십자군의 리처드 1세와 휴전협정을 맺었다.

보다는 상대의 종교를 인정하기도 하였습니다. 우리가 아는 이슬람의 과격한 테러와는 전혀 다른 관용의 문화를 가지고 있기도 한 것이 이슬람의 역사적 모습입니다. 과연 우리가 편견 없이 이슬람을 보고 있을까요? 이제 역사 속에서 알게 되는 이슬람의 또 다른 모습을 통해 우리는 고정관념이나 편견을 넘어 제대로 이슬람을 이해할 수 있을 것입니다.

이슬람과 연관지어, 한국이 속해 있는 지역인 아시아를 잠시 살펴봅시다. 이슬람은 아시아에서도 매우 넓게 분포되어 있습니다. 세계 최대 이슬람 국가가 바로 동남아시아에 위치한 인도네시아입니다. 그곳은 이슬람의 정복 때문이 아니라 이슬람 상인과의 교역을 통해 이슬람이 번창하게 되었습니다. 이외에도 힌두교 국가로 알려진 인도에도 많은 이슬람 신자들이 있습니다. 우리와 가까운 중국에도 이슬람 신자들이 많으며 말레이시아, 파키스탄, 우즈베키스탄, 카자흐스탄 등도 이슬람 국가입니다. 이렇게 우리가 속한 아시아에서 이슬람은 매우 중요한 역사이자 종교, 문화인 것입니다. 이러한 종교에 대한 역사적 편견을 넘어서야 우리의 이웃과 함께 할 수 있는 생활 방식을 찾을 수 있겠지요.

특히 우리는 동남아시아 하면 우리보다 물가가 싸고 단순하게 볼거리 많은 휴양지로만 알고 있습니다. 아니면 우리나라에 들어온 외국인 노동자나 농촌으로 결혼하러 온 사람들의 조국 정도로만 알고 있지요. 매우 편협한 시각입니다. 다문화에 대한 이해가 요구되는 오늘날, 아시아인들의 고유한 역사와 문화, 종교를 제대로 이해하지 못한다면 우리의 시각은 마치 서구가 과거 우리에게 그러하였듯이 그들을 편협한 시선하에 차별적으로 대할 수밖에 없습니다. 아니면 단순하게 관광지를 떠올리며 이국적인 풍광을 바라보는 정도의 시선을 가질 것입니다. 아시아 국가들 중에는 서양과 일본 제국주의에 이중고로 시달린 역사적 경험을 가진 국가가 많습니다. 일본 제국주의의 식민 경험을 겪은 우리로서는 역사적 경험을 통해 이들을 더욱 제대로 이해할 필요가 있습니다. 우리처럼 그들도 나름의 독립 운동을 거치면서 민주주의, 경제 발전을 위한 노력이 역사적으로 전개되었기 때문입니다.

사실 우리도 1883년 미국의 초대로 처음 보빙사(報聘使)라는 단체를 만들어 미국으로 갔을 때 '고요한 아침의 나라'에서 온 이국적인 사람들로 취급받았습니다. 우리나라가 어째서 '고요한 아침의 나라' 입니까? 우리 자신에 의한 표현이 아니라 서양의 눈에 비친 모습으로 우리가 규정됩니다. 보빙사라는 단체에서 통역을 담당한 로웰(Percival Lowell, 1855~1916)에 의해 소개된 '고요한 아침의 나라' 라는 말처럼 우리의 모습이 외국의 눈에는 당시에 이렇게 비칠 수도 있습니다. '고요하다' 는 표현은 좋을 수도 있지만 변화가 없다는 느낌도 줍니다. 중요한 것은 우리 스스로 우리를 표현할 수 없었던 역사적 시기를 우리도 가지고 있었다는 것입니다. 이제 선진국의 대열에 들어섰다면 우리와 함께 더불어 사는 세계에 대해 편견에서 벗어나야 할 것입니다.

여러분 자신도 이러한 서구 중심의 편견이나 잘못된 고정관념과 왜곡된 역사 인식을 가지고 혹시 다른 나라와 그 속의 사람들을 보고 있는 건 아닌지 한번 돌아볼 필요가 있습니다. 편견을 없애며 우리와 다른 모습의 인간에 대한 이해를 넓힐 수 있는 것이 역사의 힘입니다.

사실 예전에 역사란 기록을 남긴 이들의 것입니다. 기록을 남긴 이들이란 역사에서 승리한 쪽, 주로 서양인이거나 남성이었습니다. 그렇지만 우리가 오늘날 배우는 역사를 통해 여성, 흑인, 다양한 원주민과 세상 곳곳의 평범한 삶을 살아가는 이들 모두가 소중하고 동등한 인간이라는 것을 알게 됩니다. 이제 이들 모두가 역사의 주인이며 그들 모두의 목소리를 통해 과거의 사실과 진실에 다다르게 해 주는 것인지도 모릅니다. 어쩌면 역사를 통해 인간의 다양한 삶과 사회에 대한 근본적인 성찰을 할 수 있는 눈을 기를 수도 있습니다. 우리가 역사를 배우고 내 나름의 역사적 관점을 가져야 하는 이유가 바로 이런 것이 아닐까요?

역사는 사료를 통해 과거를 복원하는 작업입니다. 그렇지만 단순하게 과거 사실을 나열하는 것이 역사는 아닙니다. 인간과 그를 둘러싼 사회와 환경 등에 대한 탐구를 통해 진리를 찾고자 하는 의미 있는 작업입니다. 역사가들은 이를 위해 객관적인 사실과 주관적인 해석, 그리고 역사적 상상력을 도입하여 우리 앞에 다양한 역사의 얼굴을 보여 줍니다. 역사가들이 자신만의 관점과 방법으로 펼쳐 놓는 역사는 어쩌면 과거의 아주 일부분일지도 모릅니다. 그렇지만 과거부터 오늘날까지 역사를 이해하려는 진지한 노력이 계속되는 한,

역사 속에 숨어 있는 진리는 우리에게 그 모습을 드러낼 것입니다. 여러분들도 자신만의 관점으로 과거에 대한 탐구를 통해 오늘과 미래에 더 나은 삶과 행동을 선택하기 바랍니다. 역사라는 넓고 깊은 지혜의 보물창고는 언제나 여러분을 기다리고 있습니다.

강준만, 『고종 스타벅스에 가다』, 인물과사상사, 2005.

고미숙, 『열하일기, 웃음과 역설의 유쾌한 시공간』, 그린비, 2003.

고미숙, 『한국의 근대성, 그 기원을 찾아서』, 책세상, 2001.

김구, 도진순 옮김, 『백범일지』, 돌베개, 2002.

김부식, 이강래 옮김, 『삼국사기』Ⅰ·Ⅱ, 한길사, 1998.

김삼웅, 『단재 신채호 평전』, 시대의창, 2005.

김훈, 『칼의 노래』1·2, 생각의나무, 2001.

나탈리 제먼 데이비스, 양희영 옮김, 『마르탱 게르의 귀향』, 지식의풍경, 2000.

다이어무드 제프리스, 김승욱 옮김, 『아스피린의 역사』, 동아일보사, 2007.

디 브라운, 최준석 옮김, 『나를 운디드니에 묻어주오-미국 인디언 멸망사』, 나무심는사람, 2002.

로버트 단턴, 조한욱 옮김, 『고양이 대학살』, 문학과지성사, 1996.

리처드 에번스, 이영석 옮김, 『역사학을 위한 변론』, 소나무, 1999.

마르크 블로흐, 정남기 옮김, 『역사를 위한 변명』, 한길사, 1993.

박상진, 『역사가 새겨진 나무 이야기』, 김영사, 2004.

박지원, 리상호 옮김, 『열하일기』, 보리, 2004.

백남운, 하일식 옮김, 『조선사회경제사』, 이론과실천, 1994.

사마천, 김병총 옮김, 『사기』1~10, 집문당, 1994.

송호정, 『한국 고대사 속의 고조선사』, 푸른역사, 2003.

스탠리 레인 폴, 이순호 옮김, 『살라딘』, 갈라파고스, 2003.

아놀드 조셉 토인비, 박광순 옮김, 『역사의 연구』1·2, 범우사, 1992.

연세대학교 국학연구원 편, 『근대 학문의 형성과 연희전문』, 연세대학교 출판부, 2005.

유득공, 송기호 옮김, 『발해고』, 홍익출판사, 2000.

윤명철, 『고구려 해양사 연구』, 사계절출판사, 2003.

이덕일, 『정약용과 그의 형제들』1·2, 김영사, 2004.

이도흠, 『신라인의 마음으로 삼국유사를 읽는다』, 푸른역사, 2000.

이순신, 최두환 옮김, 『난중일기』, 학민사, 1996.

이옥순 외, 『오류와 편견으로 가득한 세계사 교과서 바로잡기』, 삼인, 2007.

이이화, 『한국사이야기 10 : 왕의 길 신하의 길』, 한길사, 2003.

이이화, 『한국사이야기 3 : 삼국의 세력다툼과 중국과의 전쟁』, 한길사, 1998.

일연, 고운기 옮김, 『삼국유사』, 홍익출판사, 2001.

재레드 다이아몬드, 김진준 옮김, 『총, 균, 쇠』, 문학사상사, 1998.

조동걸 외, 『한국의 역사가와 역사학』 상·하, 창작과비평사, 1994.

조영래, 『전태일평전』, 돌베개, 1983.

조지 이거스, 임상우 외 옮김, 『20세기 사학사』, 푸른역사, 1999.

조지프 어메이토, 강현석 옮김, 『먼지 : 작은 것 그리고 보이지 않는 것의 역사』, 이소출판사,

2001.

조지형, 『랑케&카』, 김영사, 2006.

주경철, 『문화로 읽는 세계사』, 사계절출판사, 2005.

차하순 편, 『사관이란 무엇인가』, 청람, 1993.

최윤오, 『문학 속의 사회사 : 흥부전과 조선후기 농민층 분화』, 『계간 역사비평 57호』, 2001.

카를로 진즈부르그, 김정하 외 옮김, 『치즈와 구더기』, 문학과지성사, 2001.

톰 홀랜드, 이순호 옮김, 『페르시아 전쟁』, 책과함께, 2006.

페르낭 브로델, 주경철 옮김, 『물질문명과 자본주의』1~3, 까치, 1995.

하인리히 E. 야콥, 곽명단 옮김, 『빵의 역사』,우물이있는집, 2002.

하인리히 E. 야콥, 박은영 옮김, 『커피의 역사』, 우물이있는집, 2002.

한명기, 『광해군』, 역사비평사, 2000.

헤로도토스, 박광순 옮김, 『역사』 상·하, 범우사, 2001.

E. H. 카, 김택현 옮김, 『역사란 무엇인가』, 까치, 1997.

E. P. 톰슨, 나종일 외 옮김, 『영국 노동계급의 형성』상·하, 창작과비평사, 2000.

청소년을 위한 역사란 무엇인가

펴낸날	초판　1쇄　2008년 8월 28일
	초판　18쇄 2025년 3월 25일

지은이	최경석
펴낸이	심만수
펴낸곳	(주)살림출판사
출판등록	1989년 11월 1일 제9-210호

주소	경기도 파주시 광인사길 30
전화	031-955-1350　팩스　031-624-1356
홈페이지	http://www.sallimbooks.com
이메일	book@sallimbooks.com

ISBN　978-89-522-0982-5　43900

살림Friends는 (주)살림출판사의 청소년 브랜드입니다.

※ 값은 뒤표지에 있습니다.
※ 잘못 만들어진 책은 구입하신 서점에서 바꾸어 드립니다.